こまり顔の看板猫！
ハチの物語

にしまつひろし　写真・文

集英社みらい文庫

もくじ

はじめに

みなさんは、この物語《ものがたり》の主人公《しゅじんこう》ねこ、ハチを知《し》っていますか？　前《まえ》にみたことがあるという人《ひと》も、全然《ぜんぜん》知《し》らなかったという人《ひと》も、本《ほん》のカバーのハチの顔《かお》をみたとたん、ニヤッとしてしまったり、プッとふきだしてしまったりしたのではないでしょうか。

ハチは、出会《であ》った人《ひと》を、またたく間《ま》に笑顔《えがお》にしてしまう力《ちから》をもっています。つまり、さっそくみなさんも、そんなハチの〝笑顔《えがお》の魔法《まほう》〟にかかってしまったというわけです。

ハチは、茨城県水戸市《いばらきけんみとし》に住《す》んでいます。

文筆家《ぶんぴつか》で編集者《へんしゅうしゃ》の前田陽一《まえだよういち》さんの飼《か》いねこなのですが、ハチは前田《まえだ》さんの家《いえ》ではなく、前田《まえだ》さんの会社《かいしゃ》（事務所《じむしょ》）で「ひとり暮《ぐ》らし」をしています。

そして平日《へいじつ》の昼間《ひるま》は、前田《まえだ》さんの事務所《じむしょ》から数分《すうふん》のところにあるたばこ店《てん》で「アルバイト」をしています。

ハチの仕事《しごと》は、「看板《かんばん》ねこ」として、店主《てんしゅ》の長谷川香《はせがわかおり》さんの働《はたら》きぶりをみまもる（寝《ね》る?）ことと、お客《きゃく》さんの福《ふく》をまねくこと。

天気《てんき》がいい平日《へいじつ》の、午後《ごご》1時《じ》から6時《じ》くらいまでの間《あいだ》（この間《かん》、かならずいるわけではありません。雨《あめ》の日《ひ》はおやすみです）、運《うん》がよければ、みなさんもハチに会《あ》えるかもしれません。

ハチがアルバイトをはじめたのは、2011年夏《ねんなつ》のこと。するとすぐに、漢字《かんじ》の〝八〟の字《じ》のようなまゆ毛模様《げもよう》から、〝こまり顔《がお》の看板《かんばん》ねこ〟と評判《ひょうばん》になりました。

そしてしだいに、お客《きゃく》さんをはじめ、たくさんの人《ひと》たちに幸運《こううん》をもたらすようになり、ついには「幸運《こううん》のまねきねこ」と呼《よ》ばれるようになりました。

新聞《しんぶん》やテレビ、雑誌《ざっし》など、多《おお》くのメディアで紹介《しょうかい》され、そのたびにハチのアルバイト先《さき》をおとずれるファンやお客《きゃく》さんの数《かず》はふえていきました。

いまや、日本《にほん》でもっとも有名《ゆうめい》なねこの1匹《ぴき》として、その存在《そんざい》を知《し》られているハチ。

ですが、これまでのハチのすべてを知《し》る人《ひと》は多《おお》くありません。


――飼《か》いねこなのになぜ「ひとり暮《ぐ》らし」をしているのか。

――どうしてたばこ店《てん》で「アルバイト」をすることになったのか。

――「看板《かんばん》ねこ」だったハチが、どのようにして、全国的《ぜんこくてき》にも有名《ゆうめい》な「幸運《こううん》のまねきねこ」になっていったのか。


そこには、ハチとハチの〝パパ〟の前田《まえだ》さん、〝ママ〟と〝兄弟《きょうだい》〟がわりの香《かおり》さん親子《おやこ》との深《ふか》い絆《きずな》と、偶然《ぐうぜん》ともいえるいくつかのヒミツがありました。

周囲《しゅうい》のあたたかい愛情《あいじょう》にささえられて、ハチの〝笑顔《えがお》の魔法《まほう》〟は、水戸《みと》の街《まち》だけでなく、全国《ぜんこく》の人《ひと》たちへとひろがっていったのです。

ハチの知《し》られざる物語《ものがたり》は、2011年《ねん》4月《がつ》からはじまります――

1章《しょう》 ハチとの出《で》会《あ》い

2011年《ねん》4月《がつ》8日《か》――

東北地方《とうほくちほう》を中心《ちゅうしん》に大《おお》きな被害《ひがい》をもたらした、あの東日本大震災《ひがしにほんだいしんさい》から約《やく》1か月《げつ》がたったころ、茨城県水戸市郊外《いばらきけんみとしこうがい》の農家《のうか》で、5匹《ひき》のこねこが誕生《たんじょう》しました。

こねこを産《う》んだのは、〈にゃー〉という名前《なまえ》の、白毛《しろげ》にところどころキジ柄《がら》があるねこでした。

にゃーを飼《か》っていたのは、前田陽一《まえだよういち》さんの友人《ゆうじん》、飯塚弘樹《いいつかひろき》さんです。

家具職人《かぐしょくにん》の弘樹《ひろき》さんは、この農家《のうか》の敷地《しきち》に建《た》っている小屋《こや》で、家具《かぐ》を修繕《しゅうぜん》する仕事《しごと》をしています。

その日《ひ》の朝《あさ》、弘樹《ひろき》さんはいつものように小屋《こや》の鍵《かぎ》を開《あ》け、作業《さぎょう》する家具《かぐ》をもちだすために、となりにある倉庫《そうこ》に入《はい》りました。そこは、ふだん家具《かぐ》を保管《ほかん》しておく場所《ばしょ》で、にゃーがよく出入《ではい》りしていました。

すると弘樹《ひろき》さんは、

(あれっ!?)

修理《しゅうり》しおえたイスにかぶせた毛布《もうふ》のうえで、いくつかの毛《け》のかたまりがモソモソ、モソモソッと動《うご》いたのに気《き》づいて、ドキッとしました。

よくみてみるとそこには、生《う》まれたばかりのあかちゃんねこが5匹《ひき》も！

（生《う》まれたんだー。よくがんばったね。おめでとう！　にゃー）

だいぶおなかが大《おお》きかったので、いつ生《う》まれるか、いまかいまかと待《ま》っていたのです。

にゃーは生《う》まれたばかりのあかちゃんのとなりで横《よこ》たわり、うとうとしていました。

あかちゃんは、5匹《ひき》とも白毛《しろげ》で、頭《あたま》や顔《かお》、体《からだ》のところどころに黒《くろ》や茶色《ちゃいろ》の模様《もよう》があります。

そのなかの1匹《ぴき》をみたとき、弘樹《ひろき》さんはま

ハチのお母《かあ》さん・にゃー

たもやびっくり！

そのこねこのひたいには、堂々《どうどう》とした太《ふと》いまゆ毛《げ》のような、漢字《かんじ》の〝八〟の字模様《じもよう》がうかんでいたのです。

「なんだこりゃ〜！」

あまりにもめずらしい模様《もよう》に、弘樹《ひろき》さんはおもわず叫《さけ》んでしまいました。

弘樹《ひろき》さんの家《いえ》のまわりは田《た》んぼや畑《はたけ》がひろがり、近《ちか》くには、野良《のら》ねこのたまり場《ば》になっていた空《あ》き家《や》がありました。

にゃーは2010年《ねん》の春《はる》ごろ、その空《あ》き家《や》あたりからやってきました。

野良《のら》ねこなのに人《ひと》なつこく、「にゃー」と鳴《な》きながら寄《よ》ってきては、弘樹《ひろき》さんにエサをねだり、そのうち家《いえ》にいつくようになったのです。

にゃーは、弘樹《ひろき》さんが仕事《しごと》をしているそばで昼寝《ひるね》をするのが大好《だいす》きでした。

ねずみを口《くち》にくわえて、

（これ、とったわよ！）

と、弘樹《ひろき》さんにわざわざみせにくることもありました。

あかちゃんを産《う》んだその日《ひ》、にゃーは、しばらく倉庫《そうこ》でやすんでいたようでしたが、夕方《ゆうがた》になると、仕事《しごと》をしている弘樹《ひろき》さんの小屋《こや》に姿《すがた》をあらわしました。

それも、生《う》まれたばかりのあかちゃんを1匹《ぴき》、口《くち》にくわえて。

それからにゃーは、10メートルほどはなれた倉庫《そうこ》にもどっていっては、あかちゃんを1匹《ぴき》ずつ口《くち》にくわえ、せっせと小屋《こや》まで運《はこ》んできました。

（この子《こ》たちをみて！　わたしが産《う》んだのよ、すごいでしょう）

生《う》まれたばかりの、ハチの兄弟姉妹《きょうだいしまい》

まるで、そう自慢《じまん》するかのように。

「すごいなあ、みんなかわいいよ」

弘樹《ひろき》さんは、そういって、にゃーをほめてあげました。

しばらくすると、にゃーはつかれたのか、あかちゃんたちをひとしきりなめまわしたあと、寝《ね》てしまいました。

その姿《すがた》をほほえましくながめていた弘樹《ひろき》さんでしたが、ふと気《き》づくと、あかちゃんは4匹《ひき》しかいません。

（あれ、5匹《ひき》いたはずだけど……。あとの1匹《ぴき》はどうしちゃったんだろう？）

不思議《ふしぎ》に思《おも》って倉庫《そうこ》までみにいくと、そこにはぽつんとさびしそうにたたずんでいる子《こ》が！

（にゃーのやつ、この子《こ》を運《はこ》ぶのを忘《わす》れてるぞ。かわいそうに）

だきあげてみると、その子《こ》は、あの八の字《じ》まゆ毛模様《げもよう》のこねこでした。

「お母《かあ》さんのそばにいこうな」

弘樹《ひろき》さんは、こねこを、にゃーがいるところまで運《はこ》んであげました。

5匹《ひき》のあかちゃんはオスが3匹《びき》、メスが2匹《ひき》でした。

5匹《ひき》もいると、にゃーのおっぱいはいつもとりあいになってしまいます。なかでも、にゃーが運《はこ》びわすれた八の字《じ》まゆ毛《げ》のこねこは、競争《きょうそう》に負《ま》けて、お乳《ちち》を飲《の》めないことがよくありました。

1か月《げつ》もたつと、こねこたちは、小屋《こや》の外《そと》や庭《にわ》の木《き》のうえを活発《かっぱつ》にかけまわるようになりました。

弘樹《ひろき》さんは、こねこたちがすくすくと元気《げんき》に育《そだ》つ姿《すがた》をみまもりつつも、ある決断《けつだん》をしなければなりませんでした。

5匹《ひき》のこねこをこのまま家《いえ》で飼《か》うとなると世話《せわ》が大変《たいへん》なため、あたらしい飼《か》い主《ぬし》をさがす必要《ひつよう》があったのです。

オス1匹《ぴき》とメス1匹《ぴき》の2匹《ひき》は、知人《ちじん》がひきとってくれましたが、のこりの3匹《びき》はなかなかもらい手《て》がみつかりませんでした。

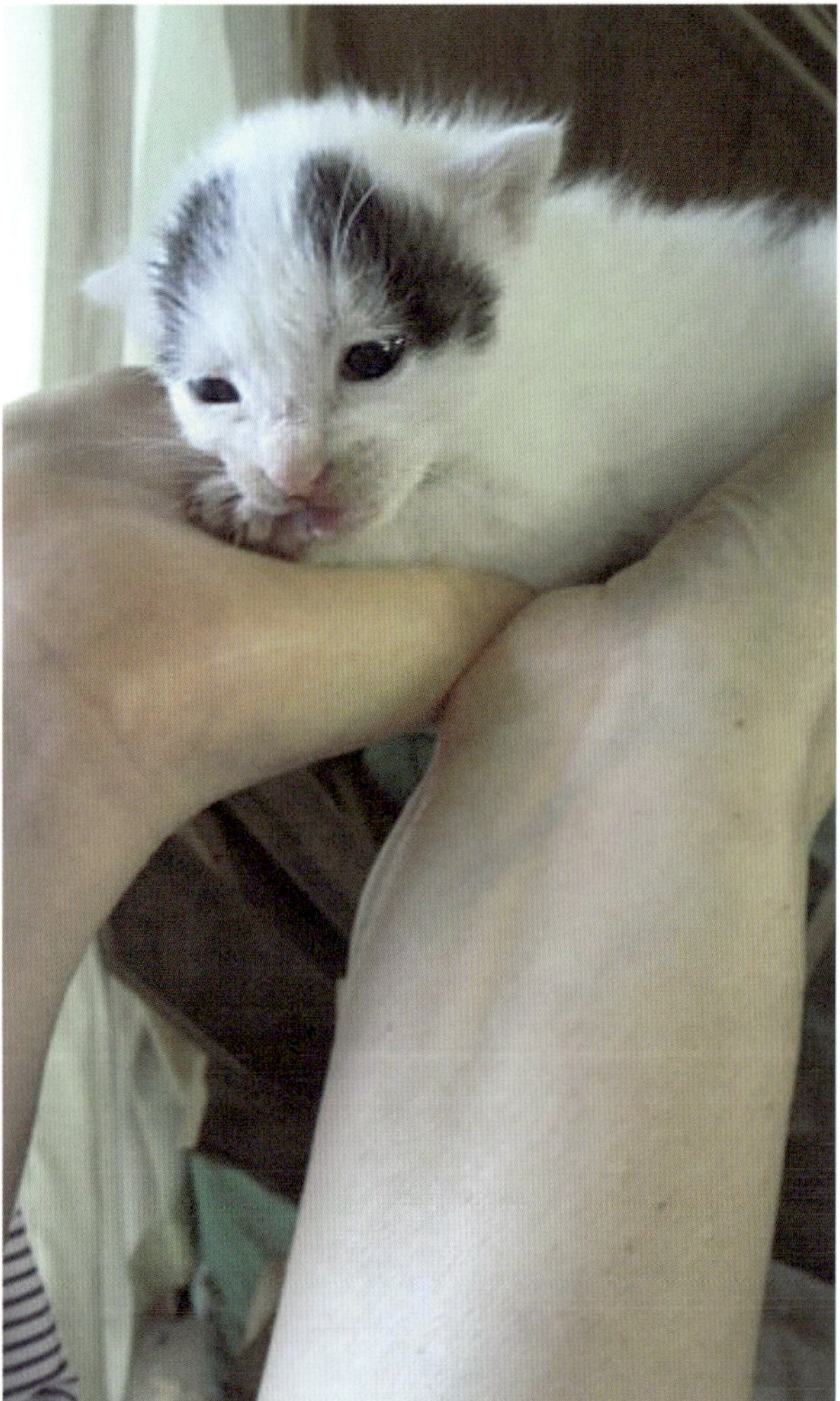

目《め》が開《あ》いたころのハチ

ハチ（中央《ちゅうおう》）と兄弟《きょうだい》姉《し》妹《まい》

木《き》のぼりするハチ

こねこが生《う》まれてまもなく2か月《げつ》になろうという5月《がつ》の終《お》わりごろ。

ひとりでも多《おお》く、あたらしい飼《か》い主《ぬし》をみつけたいと願《ねが》っていた弘樹《ひろき》さんは、ある友人《ゆうじん》をたよることにしました。

馬場信也《ばばしんや》さん。コック歴《れき》44年《ねん》、水戸市内《みとしない》の洋食屋《ようしょくや》《ビストロ・BaBa《バ　バ》》のオーナーです。

馬場《ばば》さんはお店《みせ》に、家《いえ》で飼《か》っている〈みーちゃん〉（メス、13歳《さい》）という、うすいグレーと白毛《しろげ》のねこの写真《しゃしん》をかざっていました。

みーちゃんはこねこのとき、馬場《ばば》さんの息子《むすこ》さんがひろって飼《か》いはじめたねこで、馬場《ばば》さんもたいそうかわいがっていました。

（ねこ好《ず》きの馬場《ばば》さんなら、きっと親身《しんみ》になってくれるんじゃないか。顔《かお》もひろいし）

弘樹《ひろき》さんは、そう思《おも》って馬場《ばば》さんに声《こえ》をかけたのです。

そして、のこる3匹《びき》の写真《しゃしん》をそれぞれ用意《ようい》してわたしました。

「この子《こ》、ひたいに〝八〟の字《じ》があるから、ぼくは〈八《はっ》ちゃん〉って呼《よ》んでるんだけど、みたことない模様《もよう》でしょ」

写真《しゃしん》をみせながら弘樹《ひろき》さんがいうと、馬場《ばば》さんも、

「めずらしいよな。まゆ毛《げ》みたいで、ふきだしちゃうね」

「もらってくれる人《ひと》、みつかるかなあ。大《おお》きくなったらこの模様《もよう》、どうなっちゃうんだろう？　この模様《もよう》のせいで敬遠《けいえん》されちゃうんじゃないかって、心配《しんぱい》なんだよね」

「うーん、どうだろう。店《みせ》にくるお客《きゃく》さんのなかには、ねこ好《ず》きの人《ひと》もいるから、写真《しゃしん》をみせて声《こえ》をかけてみるよ」

馬場《ばば》さんは、弘樹《ひろき》さんのたのみごとを、こころよくひきうけてくれました。


さて、弘樹《ひろき》さんが馬場《ばば》さんにたのみごとをした数日後《すうじつご》のことです。

馬場《ばば》さんの友人《ゆうじん》の前田陽一《まえだよういち》さんが、お昼《ひる》を食《た》べに店《みせ》にやってきました。

昨年《さくねん》（２０１６年《ねん》）、還暦《かんれき》をむかえた前田《まえだ》さんは、長年《ながねん》、茨城新聞社《いばらきしんぶんしゃ》で記者《きしゃ》をつとめたあと、２００８年《ねん》に独立《どくりつ》して編集《へんしゅう》プロダク

ハチの飼《か》い主《ぬし》・前田陽一《まえだよういち》さん

ション《株式会社《かぶしきがいしゃ》Press Man《プレスマン》》をたちあげ、JR《ジェイアール》水戸駅《みとえき》から歩《ある》いてすぐのところにある、宮下銀座商店街《みやしたぎんざしょうてんがい》に事務所《じむしょ》をかまえました。

新聞《しんぶん》や雑誌《ざっし》、本《ほん》やウェブなどで、郷土《きょうど》の歴史《れきし》など、地元《じもと》の記事《きじ》を執筆《しっぴつ》したり、まとめたりするのが主《おも》な仕事《しごと》です。

いつもは事務所《じむしょ》の近《ちか》くでランチをすませる前田《まえだ》さんですが、この日《ひ》はたまたま、歩《ある》いて15分《ふん》ほどのところにある、馬場《ばば》さんの店《みせ》をおとずれたのです。

前田《まえだ》さんが食事《しょくじ》を終《お》えると、馬場《ばば》さんはあの写真《しゃしん》をとりだしました。

「前田《まえだ》さんはペットって飼《か》ってるんだっけ？」

「うん、家《いえ》には犬《いぬ》が1匹《ぴき》いるよ」

「ねこは飼《か》ったことあるの？」

「ねこはないなあ。ぼくはずっと犬派《いぬは》だから」

「じつは、弘樹《ひろき》のとこでこねこが生《う》まれて、飼《か》い主《ぬし》をさがしてるらしいんだ」

「どれどれ？」

「このねこなんだけど」

写真《しゃしん》をみた瞬間《しゅんかん》、前田《まえだ》さんは口《くち》にふくんだ水《みず》をふきだしそうになってしまいました。

あの〝八の字《じ》まゆ毛《げ》〟が目《め》にとびこんできたからです。

「わっはっは、な、なんだ、このまゆ毛《げ》みたいなのは！　こんなねこ、はじめてみたよ」

「笑《わら》っちゃうだろ」

そういって、馬場《ばば》さんは両手《りょうて》の人《ひと》さし指《ゆび》をななめうえにたて、茶目《ちゃめ》っ気《け》たっぷりに、まゆ毛《げ》ポーズをしてみせました。

「弘樹《ひろき》やおれは〈八《はっ》ちゃん〉って呼《よ》んでるんだ」

「かわいいなあ……」

ねこを飼《か》ったことがない前田《まえだ》さんでしたが、ひとめで心《こころ》をうばわれてしまいました。

前田《まえだ》さんがみた運命《うんめい》の写真《しゃしん》

「ほしいっていう人《ひと》はまだみつかってないの？」

「ひとり、男性《だんせい》のお客《きゃく》さんがいたんだけど……」

「その人《ひと》はなんて？」

「『ぼくは飼《か》いたいんだけど、かみさんがねこぎらいで』って。残念《ざんねん》そうだったよ」

「へえ、そうなんだ」

そう聞《き》いて、前田《まえだ》さんは少《すこ》しほっとしました。

その姿《すがた》をみた馬場《ばば》さんは、こうきりだしました。

「前田《まえだ》さん、このねこ、飼《か》ってみたら？」

「ええっ!? うーん……ちょっと考《かんが》えさせてよ」

こねこに心《こころ》ひかれたものの、その日《ひ》はそうこたえるにとどめました。


バツイチで独身《どくしん》の前田《まえだ》さんは、88歳《さい》の母親《ははおや》・和子《かずこ》さんとふたりで、宮下銀座商店街《みやしたぎんざしょうてんがい》の事務所《じむしょ》から歩《ある》いて20分《ぷん》ほどのところに住《す》んでいます。

前田家《まえだけ》では、それまでずっと犬《いぬ》を飼《か》ってきました。いま〈モモ子《こ》〉という名前《なまえ》のフレンチブルドッグ（メス、10歳《さい》）がいます。

なぜモモ子《こ》という名前《なまえ》かというと、白《しろ》と黒《くろ》のまだら模様《もよう》が牛《うし》にそっくりだから。牛《うし》の「モーモー」という鳴《な》き声《ごえ》を、略《りゃく》してモモ子《こ》。おとなしくて、おっとりした性格《せいかく》の犬《いぬ》です。飼《か》い主《ぬし》に従順《じゅうじゅん》な犬《いぬ》とはちがって、ねこは自由気《じゆうき》ままだと聞《き》きます。

（もしあのこねこをひきとったら、どんなふうに世話《せわ》をしたらいいんだろう。何《なに》も知識《ちしき》がないのに、安易《あんい》に飼《か》ったところで、きちんと責任《せきにん》をもって育《そだ》てられるんだろうか……）

そんな不安《ふあん》があったため、あのときは、すぐに返事《へんじ》ができなかったのです。

それでも、写真《しゃしん》をみたときから、まゆ毛《げ》みたいな〝八〟の字模様《じもよう》が、気《き》になって気《き》になって。まぶたにこびりついて、どうしてもはなれません。

（もしもあのこねこがわが家《や》にやってきたら、きっと楽《たの》しくなるだろうなあ）

和子《かずこ》さんには、まだ相談《そうだん》していませんでしたが、

（おふくろも動物好《どうぶつず》きだから、家族《かぞく》がふえれば、きっとよろこんでくれるだろう。高齢《こうれい》だからあまり外出《がいしゅつ》できないし、いい遊《あそ》び相手《あいて》になってくれるかもしれない）

そうも思《おも》いました。

(どうしよう、飼《か》いたいなあ)

そこで前田《まえだ》さんは、ねこの飼《か》いかたについて調《しら》べてみることにしました。

・ねこは室内飼《しつないが》いが基本《きほん》

・適度《てきど》に距離《きょり》をおいて、かまってあげるのがいい

・犬《いぬ》は散歩《さんぽ》が必要《ひつよう》だが、ねこはしなくてもいい

など、犬《いぬ》にくらべて、意外《いがい》にも家《いえ》で飼《か》いやすそうなことがわかりました。

(これなら飼《か》えるかもしれない。あのこねこは白毛《しろげ》で黒《くろ》い模様《もよう》があったなあ。モモ子《こ》も白《しろ》と黒《くろ》だから、〝白黒《しろくろ》コンビ〟で仲《なか》よくやってくれるんじゃないかな)

そんな期待《きたい》さえいだきはじめていたのです。

翌日《よくじつ》、前田《まえだ》さんは意《い》をけっし、馬場《ばば》さんに電話《でんわ》して伝《つた》えました。

「あのこねこ、ぼくが飼《か》うよ!」

「そうか、よかった! 飼《か》い主《ぬし》さんがみつかって」

〝仲人役《なこうどやく》〟となった馬場《ばば》さんは、うれしそうな声《こえ》をあげました。そして、

「前田《まえだ》さん、うちに使《つか》わなくなったねこのキャリーケースがあるんだ。記念《きねん》にあげるから、とりにおいでよ」

プレゼントのおまけまでつけてくれました。

「ありがとう！　すぐいくよ」

馬場《ばば》さんの電話《でんわ》をきったあと、前田《まえだ》さんは、弘樹《ひろき》さんにも電話《でんわ》しました。

「馬場《ばば》さんのとこで写真《しゃしん》みせてもらったんだけど、八の字《じ》まゆ毛《げ》のねこ、うちで飼《か》いたいんだ」

すると、弘樹《ひろき》さんは、

「えっ、前田《まえだ》さんって、ねこ飼《か》ったことあったっけ？」

と少《すこ》しびっくりした様子《ようす》。

「はじめてなんだけど、ひとめぼれしちゃって（笑）」

「そっか！　ひきとってくれるならありがたい。じゃあ、すぐにつれていくね」

弘樹《ひろき》さんもとてもよろこんでいました。

こうして前田《まえだ》さんは、人生《じんせい》ではじめて、ねこを飼《か》うことになったのです。

ハチが住《す》む水戸《みと》ってどんなとこ？

茨《いばら》城《き》県《けん》の県庁所在地《けんちょうしょざいち》・水戸市《みとし》は人口《じんこう》27万人余《まんにんあま》り。江戸時代《えどじだい》、徳川御三家《とくがわごさんけ》のひとつ、水戸藩《みとはん》の城下町《じょうかまち》として栄《さか》えました。

まちなかには、テレビドラマ『水戸黄門《みとこうもん》』でおなじみの第二代《だいにだい》水戸藩主《みとはんしゅ》・徳川光圀公《とくがわみつくにこう》（水戸黄門《みとこうもん》）の像《ぞう》をはじめ、偕楽園《かいらくえん》や弘道館《こうどうかん》など徳川《とくがわ》家《け》ゆかりの史跡《しせき》がたくさんあります。

JR《ジェイアール》水戸駅北口《みとえききたぐち》にある、
水戸黄門《みとこうもん》 助《すけ》さん格《かく》さん像《ぞう》

この紋所《もんどころ》が
目《め》に入《はい》らぬか

なかでも、徳川家康公《とくがわいえやすこう》をまつった水戸東照宮《みととうしょうぐう》は、〝水戸徳《みととく》川家《がわけ》の聖地《せいち》〟といわれるパワースポット。

この水戸東照宮《みととうしょうぐう》の鳥居《とりい》のとなりに、ハチのいる《糸久《いときゅう》たばこ店《てん》》があります。そのためか、ハチを〝神様《かみさま》の使《つか》い〟と呼《よ》ぶお客《きゃく》さんもいるそうです。ハチの人気《にんき》ぶりは黄門《こうもん》さまと肩《かた》をならべるほどなんですね。

水戸《みと》といえば納豆《なっとう》が有名《ゆうめい》ですが、ボードゲームのオセロの発祥《はっしょう》の地《ち》でもあるんです。オセロの盤《ばん》は8×8、石《いし》は白黒《しろくろ》。

水戸《みと》とハチの深《ふか》〜い縁《えん》を感《かん》じます。

鳥居《とりい》のとなりの糸久《いときゅう》たばこ店《てん》

2章《しょう》

ハチがやってきた！

2011年《ねん》6月《がつ》——

前田《まえだ》さんが弘樹《ひろき》さんに「ぼくが飼《か》う」と電話《でんわ》で告《つ》げた数日後《すうじつご》。

さっそく弘樹《ひろき》さんは、ハチをつれて前田《まえだ》さんのもとへむかいました。

弘樹《ひろき》さんが自宅《じたく》でハチをキャリーケースのなかに入《い》れるとき、ハチは「ミャッ」といって、いやがりました。

(どこにいくの？　いきたくない)

にゃーのおっぱいをなかなかすえなかったとはいえ、ハチはにゃーにペロペロとなめて毛《け》づくろいしてもらうのが大好《だいす》きでした。たっぷりと愛情《あいじょう》をそそがれて育《そだ》ってきたのです。

そのとき、ハチは生《う》まれてまだ2か月弱《げつじゃく》。

ハチにとっては、愛《あい》するお母《かあ》さんとひきはなされるのも、キャリーケースのなかに入《い》れられるのも、車《くるま》にのってどこか遠《とお》くへでかけるのも、はじめてのことだったのです。

弘樹《ひろき》さんは、いやがるハチをなんとかケースにおしこみ、車《くるま》を発進《はっしん》させました。

「クィーン、クィーン」

前田《まえだ》さんの事務所《じむしょ》へむかう途中《とちゅう》、ハチは車《くるま》のなかでずっと鳴《な》きつづけていました。

それは、甘《あま》えるときの鳴《な》き声《ごえ》なんかではけっしてなく、

（お母《かあ》さんとはなれてさびしいよ。これからどうなるの？）

といった悲《かな》しそうな鳴《な》き声《ごえ》でした。

弘樹《ひろき》さんは運転《うんてん》をしながら、ハチに何度《なんど》も声《こえ》をかけました。

「八《はっ》ちゃん、だいじょうぶだよ、鳴《な》かないで」

それでもハチは鳴《な》きやみません。

「うちははなし飼《が》いだったけど、前田《まえだ》さんは家《いえ》のなかできちんと飼《か》ってくれるだろうし、きっと八《はっ》ちゃんのこと、大事《だいじ》にしてくれるよ。だから、何《なに》も心配《しんぱい》はいらないよ」

弘樹《ひろき》さんは、前田《まえだ》さんの事務所《じむしょ》に着《つ》くまでの間《あいだ》、そうやって、ハチに何度《なんど》もいいきかせたのでした。


そのころ前田《まえだ》さんはというと、弘樹《ひろき》さんがくるのをまだかまだかと、首《くび》を長《なが》くして待《ま》っていました。

あたらしい家族《かぞく》がやってくるのですから無理《むり》もありません。

ねこを飼《か》うときめてから、前田《まえだ》さんはすぐに、馬場《ばば》さんのところにキャリーケースをもらいにいきました。事務所《じむしょ》から家《いえ》へつれてかえるのに必要《ひつよう》だからです。

その足《あし》で、ホームセンターのペットコーナーにもたちよりました。

（えっと、ねこじゃらしはと……あっ、これだな。うーん、どれがいいかなあ。とりあえずこのシンプルなやつにしようか。それと、つめとぎ用《よう》の段《だん》ボールも買《か》っておこう）

その姿《すがた》は、まるでこれから生《う》まれてくるあかちゃんを心待《こころま》ちにしているお父《とう》さんのよう。

前田《まえだ》さんは、ウキウキとした気分《きぶん》で、一緒《いっしょ》に遊《あそ》ぶためのおもちゃなどを買《か》いそろえてい

ハチのおもちゃコレクション

前田《まえだ》さんがつくった
ハチの家《いえ》

たのです。

とはいえ一方《いっぽう》で、

(もし、こねこがなついてくれなかったらどうしよう……トイレのしつけなんかも、ぼくにできるかな)

そんな不安《ふあん》もありました。

ワクワクとソワソワがまぜこぜになったような気分《きぶん》で、この日《ひ》をむかえたのです。


6月《がつ》のその日《ひ》は天気《てんき》がよく、さわやかな初夏《しょか》の風《かぜ》がふいていました。

すると、開《あ》けはなした事務所《じむしょ》の窓《まど》の外《そと》から、こねこの鳴《な》き声《ごえ》がかすかに聞《き》こえてきます。

商店街《しょうてんがい》には野良《のら》ねこも住《す》んでいましたが、あきらかにちがう鳴《な》き声《ごえ》です。

「クィーン、クィーン」

鳴《な》き声《ごえ》が、だんだんと大《おお》きく、近《ちか》づいてきます。

(あっ、あのこねこの声《こえ》にちがいない。弘樹《ひろき》がきたんだ!)

そう確信《かくしん》した前田《まえだ》さんは、おもわず窓《まど》から顔《かお》をだしました。

案《あん》の定《じょう》、ねこ用《よう》のキャリーケースを手《て》にした弘樹《ひろき》さんが歩《ある》いてくる姿《すがた》がみえました。

「弘樹《ひろき》！　こっちだよ、こっち！」

前田《まえだ》さんは待《ま》ちきれず、手《て》をふりながら叫《さけ》んでしまいました。


「つれてきたよっ、この子《こ》が八《はっ》ちゃん」

弘樹《ひろき》さんが事務所《じむしょ》にやってきたとき、ハチはまだ鳴《な》きつづけていました。

キャリーケースからだすと、ハチはおそるおそる事務所《じむしょ》のなかを探検《たんけん》しはじめます。

「あっ、前田《まえだ》さん、窓開《まどあ》けっぱなしにしてちゃだめ！　逃《に》げちゃうから」

弘樹《ひろき》さんにそういわれ、あわてて窓《まど》を閉《し》めた前田《まえだ》さんでしたが、もう目《め》じりはさがりっぱなし。

それもそのはず。こねこを間近《まぢか》にみるのははじめてだったのです。

「うわー、かわいいね」

ひたいには、写真《しゃしん》でみたとおりの〝八〟の字模様《じもよう》がありましたが、それよりも何《なに》よりも、まだ生後《せいご》2か月弱《げつじゃく》のこねこの、はかなげで愛《あい》らしい瞳《ひとみ》に、すいこまれそうになっていまし

前田《まえだ》さんの事務所《じむしょ》にやってきたころのハチ

た。

体重《たいじゅう》は1キロもないくらい。手《て》のひらにちょこんとのるくらいの大《おお》きさです。

前田《まえだ》さんは、かぼそい声《こえ》で鳴《な》きながら床《ゆか》をうろうろするハチを慎重《しんちょう》につかまえ、だっこしてみました。

「ふわふわで、あったかいなあ」

ぎゅっと少《すこ》し強《つよ》めに、やわらかな体《からだ》をだきしめると、心臓《しんぞう》の鼓動《こどう》を感《かん》じました。

「ドクッドクッて、心臓《しんぞう》の音《おと》が聞《き》こえる!」

「そんなによろこんでくれるとは思《おも》わなかったよ」

弘樹《ひろき》さんは、うれしそうな笑《え》みをうかべています。

こうしてはじめて出会《であ》った瞬間《しゅんかん》から、前田《まえだ》さんはハチにメロメロになってしまったのです。

しばらくして、前田《まえだ》さんは思《おも》いだしたように、弘樹《ひろき》さんにたずねました。

「そういえば、ほかにも2匹《ひき》いたけど、もらい手《て》はみつかったの?」

「みつかってないんだ。にゃーと一緒《いっしょ》にぼくが飼《か》うことにするよ。5匹《ひき》いたのに、みんないなくなっちゃったら、にゃーもさみしがるかもしれないし」

そして、弘樹《ひろき》さんはあるものをとりだしました。

「忘《わす》れないうちにわたしておくね」

「何《なに》それ？」

「八《はっ》ちゃんが使《つか》ってたトイレの砂《すな》。においがついてるから、これを部屋《へや》のすみにおいておけば、ちゃんとそこで、おしっこやうんちをすると思《おも》うよ」

「へえ、そうなんだ、ありがとう」

「あと、ふだんはこのカリカリを食《た》べてたんだ。八《はっ》ちゃんはこれが好《す》きなんだよ。ホームセンターに売《う》ってるから、同《おな》じやつを買《か》ってくるといいよ」

もってきたトイレの砂《すな》と、キャットフードを前田《まえだ》さんにわたすと、弘樹《ひろき》さんは「かわいがってやってね」といって、帰《かえ》っていきました。

弘樹《ひろき》さんが帰《かえ》ったあとも、ハチは部屋《へや》のなかをうろうろして、においをかぎまわっていました。

2、3時間《じかん》もたつとだんだん慣《な》れてきたのか、床《ゆか》のうえにあおむけになり、スリスリと這《は》うようにしながら、前田《まえだ》さんの足《あし》もとへ近《ちか》づいてくるようになりました。
ハチのほうから、前田《まえだ》さんに近寄《ちかよ》ってきたはじめての瞬間《しゅんかん》でした。

お母《かあ》さんや兄弟《きょうだい》とひきはなされてしまったので、きっと誰《だれ》かに甘《あま》えたかったにちがいありません。

そんな姿《すがた》をみて、前田《まえだ》さんは、ますますハチがいとおしくなりました。

（そうだ、この子《こ》の名前《なまえ》はどうしようか？）

名前《なまえ》は、実際《じっさい》にハチと会《あ》ってからつけようときめていました。

弘樹《ひろき》さんや馬場《ばば》さんが呼《よ》んでいたのは〈八《はっ》ちゃん〉。

（それでもいいんだけど、ハチってなんだか男《おとこ》の子《こ》みたいだしなあ。女《おんな》の子《こ》なんだから、もっとかわいらしい名前《なまえ》のほうがいいよなあ）

ハチの顔《かお》をしげしげとみつめながら、しばらく考《かんが》えこむ前田《まえだ》さん。

（案外《あんがい》、洋風《ようふう》な名前《なまえ》もいいかも。メリーちゃんとか）

でも、顔《かお》をながめていると、ひたいの〝八〟の字《じ》が、ぐいぐいとせまってきます。幼《おさな》いころからすでに、〝八〟の字《じ》は相当《そうとう》なインパクトをもっていたのです。

（やっぱり、〈ハチ〉以外《いがい》にしっくりくる名前《なまえ》はないよ。よし、今日《きょう》から正式《せいしき》に〈ハチ〉って呼《よ》ぶことにしよう）

「今日《きょう》から君《きみ》はハチだよ。よろしくね」

ハチは首《くび》をかしげながら、前田《まえだ》さんをきょとんとみつめかえしました。

前田《まえだ》さんの不安《ふあん》をよそに、ハチはやってきた日《ひ》の夕方《ゆうがた》から、弘樹《ひろき》さんがもってきた砂《すな》のうえで、きちんと用《よう》をたしました。

（えらいなあ。きっとお母《かあ》さんや兄弟《きょうだい》から教《おそ》わったんだな。ぼくが教《おし》えなくても、ひとりでちゃんとできるんだ）

そんなハチの姿《すがた》をみると、なんだかたのもしくなり、これならうまくやっていけそうだと思《おも》いました。

その夜《よる》、前田《まえだ》さんはハチをキャリーケースに入《い》れて、家《いえ》につれてかえりました。

「ただいま」

「おかえりー」

出迎《でむか》えてくれたのは、母親《ははおや》の和子《かずこ》さん。

ねこを飼《か》うときめてから、和子《かずこ》さんには、「まゆ毛《げ》みたいな模様《もよう》があるかわいいこねこを、友《とも》だちからゆずりうけることになった」ということは伝《つた》えていましたが、和子《かずこ》さんがハチに会《あ》うのは、この日《ひ》がはじめてでした。

「この子《こ》が前《まえ》にいってたこねこだよ。ハチっていうんだ」

「あらまあ」

「今日《きょう》から前田家《まえだけ》の一員《いちいん》だよ」

「まゆ毛《げ》っていうから、どんな模様《もよう》なのかと思《おも》ってたけど、ほんと、びっくりだわ。まさに〈ハチ〉ね。よろしくね」

動物好《どうぶつず》きの和子《かずこ》さんは、そういってハチをあたたかくむかえいれました。

前田《まえだ》さんは、ハチをひきとるときめてからというもの、和子《かずこ》さん、フレンチブルドッグのモモ子《こ》、ハチと、みんな仲《なか》よく一緒《いっしょ》に暮《く》らすことを思《おも》いえがいていました。

そして、そんな日々《ひび》がいよいよはじまると思《おも》った矢先《やさき》——それがみこみちがいだったと知《し》ることになったのです。

ハチが、モモ子《こ》の存在《そんざい》に気《き》づいたときでした。

モモ子《こ》はハチに、

(仲《なか》よくしようよ)

と尻尾《しっぽ》をふってあいさつするのですが、ハチのほうは、

「シャー、シャー!」

と、モモ子《こ》をみるやいなや、全身《ぜんしん》の毛《け》を逆《さか》だて、尻尾《しっぽ》をボワーッとたてたのです。

どうやらハチは、犬《いぬ》が苦手《にがて》なようです。

おだやかな性格《せいかく》のモモ子《こ》は、威嚇《いかく》してくるハチをみても、平然《へいぜん》としているだけなのですが……。

「ええっ……どうして……」

家《いえ》につれかえって、いきなりの意外《いがい》な展開《てんかい》に、前田《まえだ》さんは言葉《ことば》を失《うしな》いました。

その晩《ばん》は、モモ子《こ》と距離《きょり》をおき、前田《まえだ》さんの部屋《へや》にハチを閉《と》じこめるようにして寝《ね》ることにしました。

思《おも》えば、ハチにとっては、ひどく大変《たいへん》な1日《にち》でした。

お母《かあ》さんや兄弟《きょうだい》と別《わか》れ、みしらぬ場所《ばしょ》につれてこられ、最後《さいご》には、苦手《にがて》な犬《いぬ》にも会《あ》うことになったのですから。

「つかれただろ。ゆっくり寝《ね》ような」

そう声《こえ》をかけ、ベッドに横《よこ》たわると、しばらくしてハチが布団《ふとん》のうえにあがってきました。

たよれるのは、もはや前田《まえだ》さんしかいないと思《おも》ったのかもしれません。

ハチは前田《まえだ》さんの足《あし》もとでまるくなると、ぐっすりと寝《ね》てしまいました。

（みんなで一緒《いっしょ》に暮《く》らせる方法《ほうほう》はないだろうか？）

前田《まえだ》さんは解決策《かいけつさく》をさがしました。

大《おお》きめの網《あみ》を買《か》ってきて、モモ子《こ》の部屋《へや》の出入《でい》り口《ぐち》をふさぎ、ハチとモモ子《こ》が家《いえ》のなかではちあわせしないようにしたり、モモ子《こ》のにおいがついた衣服《いふく》をハチに近《ちか》づけないようにしたりと、工夫《くふう》をかさねました。

一方《いっぽう》、和子《かずこ》さんは、ハチがやってきてから、とてもうれしそうでした。

最初《さいしょ》のころ、ハチは、だっこしようとすると腕《うで》からスルリとぬけて、じっとしていませんでしたが、おちついてくると、だっこができるようになりました。

モモ子《こ》のいないところでハチをなでたり、だっこしたりして、ハチをかわいがるのが、和子《かずこ》さんの楽《たの》しみのひとつになったのです。

「おふくろ、なんだかハチがきてから、イキイキしてるね」

「モモ子《こ》は体《からだ》が大《おお》きくておもいでしょ。もちあげることなんてできないけど、ハチは小《ちい》さいから、こうしてだっこできるんだもの。ほんと、ねこっていやされるわ」

そういって、目《め》をつぶってハチの体《からだ》に顔《かお》をうずめます。

そんな和子《かずこ》さんの姿《すがた》をみていると、前田《まえだ》さんは、

(いまはハチとモモ子《こ》の相性《あいしょう》はよくないけど、時間《じかん》がたてば、なんとか一緒《いっしょ》に暮《く》らせるようになるんじゃないか)

と、思《おも》わずにはいられませんでした。


ハチが家《いえ》にやってきて1週間《しゅうかん》ほどがたったころ。

その日《ひ》、前田《まえだ》さんは、和子《かずこ》さんにハチの面倒《めんどう》をたのみ、仕事《しごと》にでかけました。

「おふくろ、モモ子《こ》がハチに近《ちか》づいたりしないように、気《き》をつけてみといてね」

そう、しっかりお願《ねが》いしていったのですが……。

前田《まえだ》さんが帰宅《きたく》すると、和子《かずこ》さんはあわてていました。

「ハチがどっかにいっちゃったのよ!」

「ええっ!?」

「部屋《へや》の扉《とびら》はぜんぶ閉《し》めてあるから、外《そと》にはでてないと思《おも》うんだけど」

「家《いえ》のなかで、ハチがゆいいつ外《そと》にでられる扉《とびら》といったら、庭《にわ》と行《い》き来《き》ができるモモ子《こ》の部屋《へや》の扉《とびら》だけだよね」

「うん」

「でも、ハチはモモ子《こ》のにおいがするところには絶対近《ぜったいちか》づかないだろうし」

「絶対《ぜったい》いかないわ。だから外《そと》にはでてない。それで家《いえ》のなかをいろいろさがしてるんだけど、みつからないのよ」

「ハチ、どこだ～。ハチ～」

30分《ぷん》ほど家《いえ》のなかをさがしまわったところ、ようやくハチを発見《はっけん》しました。

ハチは、衣服《いふく》や家具《かぐ》を収納《しゅうのう》している納戸《なんど》のなかにかくれていました。衣装《いしょう》ケースのうえにある棚《たな》で、うずくまっていたのです。

そこは、前田《まえだ》さん親子《おやこ》でさえ、ふだんはほとんど出入《ではい》りしない部屋《へや》でした。

もしかしたら、モモ子《こ》の鳴《な》き声《ごえ》がして、おどろいたのかもしれません。

これまでも、モモ子《こ》の気配《けはい》を感《かん》じただけで、ハチは逃《に》げだしてしまうことがよくあったのです。

「ああ、やっぱりハチは、モモ子《こ》のことが苦手《にがて》なんだなあ」

「そうみたいね」

「みんなで仲《なか》よくやっていけると思《おも》ったんだけど……ハチのことを第一《だいいち》に考《かんが》えれば、うちでオドオドしながらすごすより、モモ子《こ》のいないところでのびのびと、ストレスなく暮《く》らしたほうがいいのかもしれないね」

前田《まえだ》さんは、無念《むねん》そうな表情《ひょうじょう》をうかべながら、ため息《いき》をつきました。

そして、和子《かずこ》さんにいいました。

「おふくろには悪《わる》いけど、家《いえ》で飼《か》うのはあきらめるしかないかもしれない」

「………」

和子《かずこ》さんは、しばらく沈黙《ちんもく》したあと、

「一緒《いっしょ》にいたいけど、しかたないわね……」

と、しぼりだすような声《こえ》でこたえました。

「……家《いえ》が無理《むり》となると、ぼくの事務所《じむしょ》で飼《か》うしかないな」

前田《まえだ》さんは、そう決心《けっしん》するしかありませんでした。

「会《あ》いたくなったら、事務所《じむしょ》に遊《あそ》びにきたらいいさ」

そういって和子《かずこ》さんをなぐさめましたが、みんな仲《なか》よく一緒《いっしょ》に暮《く》らすことを楽《たの》しみにしていた前田《まえだ》さんも、内心《ないしん》がっかりしてしまいました。

事務所《じむしょ》で飼《か》うとなると、ハチは夜《よる》から朝《あさ》まで、ひとりですごすことになります。毎日《まいにち》、前田《まえだ》さんが家《いえ》から事務所《じむしょ》へ出勤《しゅっきん》するのは朝《あさ》9時《じ》ごろ。帰宅《きたく》するのは夜《よる》の10時《じ》ごろです。

仲《なか》よしなのに、はなればなれ……

はじめてハチを事務所《じむしょ》にのこして帰宅《きたく》した日《ひ》、前田《まえだ》さんはうしろ髪《がみ》をひかれる思《おも》いでした。

事務所《じむしょ》には、テレビやプリンターなど電気製品《でんきせいひん》があり、コードもたくさんつないであります。

危《あぶ》なそうなものはもちろん事前《じぜん》にかたづけましたが、こねこだから何《なに》をしでかすかわかりません。

もしも電気《でんき》コードが首《くび》にからまってしまったら……

すきまに頭《あたま》をつっこんでぬけられなくなってしまったら……

事務所《じむしょ》でひとりすごすハチを思《おも》いうかべながら、いろいろな心配《しんぱい》が前田《まえだ》さんの頭《あたま》をよぎります。

(ほんとにだいじょうぶかなあ……)

その夜《よる》、前田《まえだ》さんはなかなか寝《ね》つけませんでした。

翌朝《よくあさ》、急《いそ》ぎ足《あし》で出勤《しゅっきん》し、ハチが外《そと》にとびださないようにと、事務所《じむしょ》の玄関《げんかん》のドアをそっと開《あ》けると……

(待《ま》ってました!)

とばかりに、ハチはかけ足《あし》でやってきました。

「さびしくなかったかい?」

「にゃーん」

そして、床《ゆか》にゴロン。

（おなかをなでて）

と甘《あま》えてきます。

「やっぱり、さびしかったんだね。よしよし」

前田《まえだ》さんは、ハチのおなかや背中《せなか》をしばらくなでてやりました。

グルル……グルル……

ハチは床《ゆか》に体《からだ》をこすりつけ、右《みぎ》に左《ひだり》に何度《なんど》か体《からだ》をくねらせて、気持《きも》ちよさそうにのどを鳴《な》らします。

この日以来《ひいらい》、これが前田《まえだ》さんとハチ〝親子《おやこ》〟の、1日《にち》のはじまりのあいさつになったのです。

それから1週間《しゅうかん》もたつと、ハチは事務所《じむしょ》のなかを元気《げんき》にとびまわるようになりました。

前田《まえだ》さんの家《いえ》では、モモ子《こ》がいたせいで、それこそ〝借《か》りてきたねこ〟のように、おとなしかったハチ。

けれども、事務所《じむしょ》で暮《く》らしはじめてからは、自由《じゆう》にのびのびと「ひとり暮《ぐ》らし」を楽《たの》しんでいる様子《ようす》でした。

(家族《かぞく》みんなで一緒《いっしょ》には暮《く》らせなかったけど、やっぱりここで飼《か》うほうが、ハチは幸《しあわ》せそうだなあ)

前田《まえだ》さんと朝《あさ》のあいさつをすませたあとは、

(パパ、遊《あそ》んでよ!)

と、前田《まえだ》さんのあとを追《お》いかけてきます。

「わかったよ」

しばらくはねこじゃらしなどで相手《あいて》をしますが、ずっと遊《あそ》んでいるわけにもいきません。

パソコンの前《まえ》にすわり、キーボードをたたいて、原稿《げんこう》を書《か》きはじめます。

すると、またハチが、

(遊《あそ》んでよ~)

とやってきます。

小《ち》さいころのハチは、パソコンのうえだろうが、書類《しょるい》のうえだろうが、わがもの顔《がお》でどこでも歩《ある》きまわっていました。

キーボードのうえを歩《ある》いたため、へんてこな文字《もじ》が画面《がめん》にでてきてしまったり、尻尾《しっぽ》がマウスにあたって、画面《がめん》からカーソルが一瞬《いっしゅん》消《き》えてしまったりしたこともしばしば。

「こら、ハチ！　パソコンの近《ちか》くやキーボードのうえは歩《ある》いちゃだめだよ！　大事《だいじ》な仕事《しごと》をしてるんだから」

強《つよ》い口調《くちょう》でそう叱《しか》ると、ハチはこまったような表情《ひょうじょう》をうかべます。

〝八〟の字《じ》があるせいで、とてもこまっているような顔《かお》にみえてしまうから、しめたもの（!?）です。

そんなハチをみてしまうと、前田《まえだ》さんは、それ以上《いじょう》は叱《しか》れなくなってしまいます。

「わかったよ。でも、仕事《しごと》のじゃまはしちゃだめだよ」

ハチの目《め》をみて、やさしくいいきかせると、ハチもわかるのでしょう。

何度《なんど》か注意《ちゅうい》されると、仕事机《しごとづくえ》のうえを歩《ある》くときは、パソコンや本《ほん》、書類《しょるい》をけっしてふまないように、ぬき足《あし》さし足《あし》。器用《きよう》にうまくよけながら歩《ある》くことができるようになりました。

しつけもさることながら、前田《まえだ》さんが一番《いちばん》心配《しんぱい》だったのは、ハチの健康《けんこう》のことでした。

ハチがきて半月《はんつき》がたったころ、前田《まえだ》さんは、ハチを動物病院《どうぶつびょういん》につれていき、健康診断《けんこうしんだん》とワクチンの接種《せっしゅ》をしてもらいました。

健康診断《けんこうしんだん》は、体重測定《たいじゅうそくてい》、便《べん》や尿《にょう》、血液検査《けつえきけんさ》などなど。

ワクチン接種《せっしゅ》というのは、病気《びょうき》に対《たい》する免疫力《めんえきりょく》を高《たか》めるための注射《ちゅうしゃ》をすることです。

健康状態《けんこうじょうたい》をチェックし、病気《びょうき》を予防《よぼう》するためにワクチン接種《せっしゅ》をすることは、飼《か》い主《ぬし》の大《たい》切《せつ》な責任《せきにん》です。

「前田《まえだ》ハチさん、どうぞなかへお入《はい》りください」

病院《びょういん》で名前《なまえ》を呼《よ》ばれ、診察室《しんさつしつ》に入《はい》るハチと前田《まえだ》さん。

体温《たいおん》をはかるために、おしりに体温計《たいおんけい》を入《い》れられたときは、

「ギャー！」

ハチは、びっくりして叫《さけ》んでしまいました。

でも、腰《こし》のあたりにするワクチン注射《ちゅうしゃ》では、おとなしくしていました。

2時間《じかん》もすると検査《けんさ》の結果《けっか》がでました。

「耳《みみ》のうしろがかゆそうなので薬《くすり》をだしておきますけど、ハチちゃんは健康《けんこう》そのもの。心《しん》配《ぱい》ないですよ」

獣医《じゅうい》さんの言葉《ことば》に、

「よかった。安心《あんしん》しました」

前田《まえだ》さんは、胸《むね》をなでおろしました。

「もし何《なに》か病気《びょうき》があれば、すぐにでも治療《ちりょう》したいと思《おも》ってたんです。こうした健康診断《けんこうしんだん》はどれくらいの頻度《ひんど》できたらいいんでしょうか?」

「5歳《さい》くらいまでなら1年《ねん》に1回程度《かいていど》でだいじょうぶですよ。5歳《さい》をすぎたら半年《はんとし》に1回《かい》、きてください」

「ねこを飼《か》うのははじめてなんですけど、何《なに》か気《き》をつけることはありますか?」

「ひとつは室内飼《しつないが》いを徹底《てってい》することですね。外《そと》で生《い》きている野良《のら》ねこは、過酷《かこく》な環境《かんきょう》なので、室内飼《しつないが》いのねこにくらべると寿命《じゅみょう》が短《みじか》いんです。とにかく、外《そと》にはださないよう気《き》をつけてください」

「そうなんですね。ハチが住《す》んでる商店街《しょうてんがい》には、野良《のら》ねこもたくさんいるんです。気《き》をつけます」

「逃《に》げだしたりしないようにね。それと、生後《せいご》6か月《げつ》をすぎたら、避妊手術《ひにんしゅじゅつ》をすることをおすすめします」

「やはり必要《ひつよう》ですか？」

「ええ。避妊手術《ひにんしゅじゅつ》をすると、発情期《はつじょうき》に甲高《かんだか》い声《こえ》で鳴《な》くなどの行動《こうどう》はほとんどしなくなりますし、ストレスの軽減《けいげん》にもなります。それに、メス特有《とくゆう》の病気《びょうき》の予防《よぼう》にもなるんですよ。ですから、ハチちゃんのためにもしてあげたほうがいいでしょう」

獣医《じゅうい》さんは、ていねいにいろいろ教《おし》えてくれました。

（冬《ふゆ》になったら、避妊手術《ひにんしゅじゅつ》をしにつれてこなくちゃ）

そうきめて、前田《まえだ》さんはほっとしながら家路《いえじ》につきました。


ハチがやってきたことで、前田《まえだ》さんの日常《にちじょう》にも少《すこ》しずつ変化《へんか》があらわれはじめました。

食事《しょくじ》の準備《じゅんび》やかたづけ、トイレの砂《すな》のとりかえ、健康状態《けんこうじょうたい》のチェックなど、自分《じぶん》のことよりも、まずハチのことを第一《だいいち》に気《き》づかう生活《せいかつ》へと変《か》わっていったのです。

ハチはまだ幼《おさな》く、目《め》をはなしたすきに、何《なに》をするかわかりません。

夜中《よなか》、ひとりにするのはしかたないとはいえ、昼間《ひるま》はできるだけ外出《がいしゅつ》をひかえたり、事務所《じむしょ》でする仕事《しごと》をふやしたりするようにしました。

事務所《じむしょ》の暮《く》らしに慣《な》れてくると、ハチはいすにすわっている前田《まえだ》さんの太《ふと》ももに、とびのってくるようになりました。

テレビをみてくつろいでいるときや、ふっと仕事《しごと》の手《て》をやすめたときをみはからって、やってくるのです。

「みゃー、みゃー」

そして、お母《かあ》さんに甘《あま》えるような、やさしくかぼそい声《こえ》で鳴《な》きながら、前田《まえだ》さんの左腕《ひだりうで》のひじの内側《うちがわ》を、チューチューと音《おと》をたてて、すいはじめます。

ときどき両前脚《りょうまえあし》で腕《うで》をぎゅっとおさえるハチに、

「い、いたいよ、ハチ、つめをたてちゃだめだよ」

とはいうものの、いやがることはなく、されるがまま。

(そこはおっぱいじゃないんだけどなあ……)

と〝こまり顔《がお》〟の前田《まえだ》さんです。

10分《ぷん》から15分《ふん》くらいすいつづけると、ハチは満足《まんぞく》した表情《ひょうじょう》をうかべ、床《ゆか》におりて手脚《てあし》をのびのび。

前田《まえだ》さんの左腕《ひだりうで》には、ハチにつめでひっかかれた痕《あと》がのこっています。

それでも前田《まえだ》さんは、いつもハチの気《き》がすむまで、すわせてあげるようにしています。

幼《おさな》いころからほぼ毎日《まいにち》、これをするのが、前田《まえだ》さんとハチ親子《おやこ》のヒミツのきまりごとなのです。

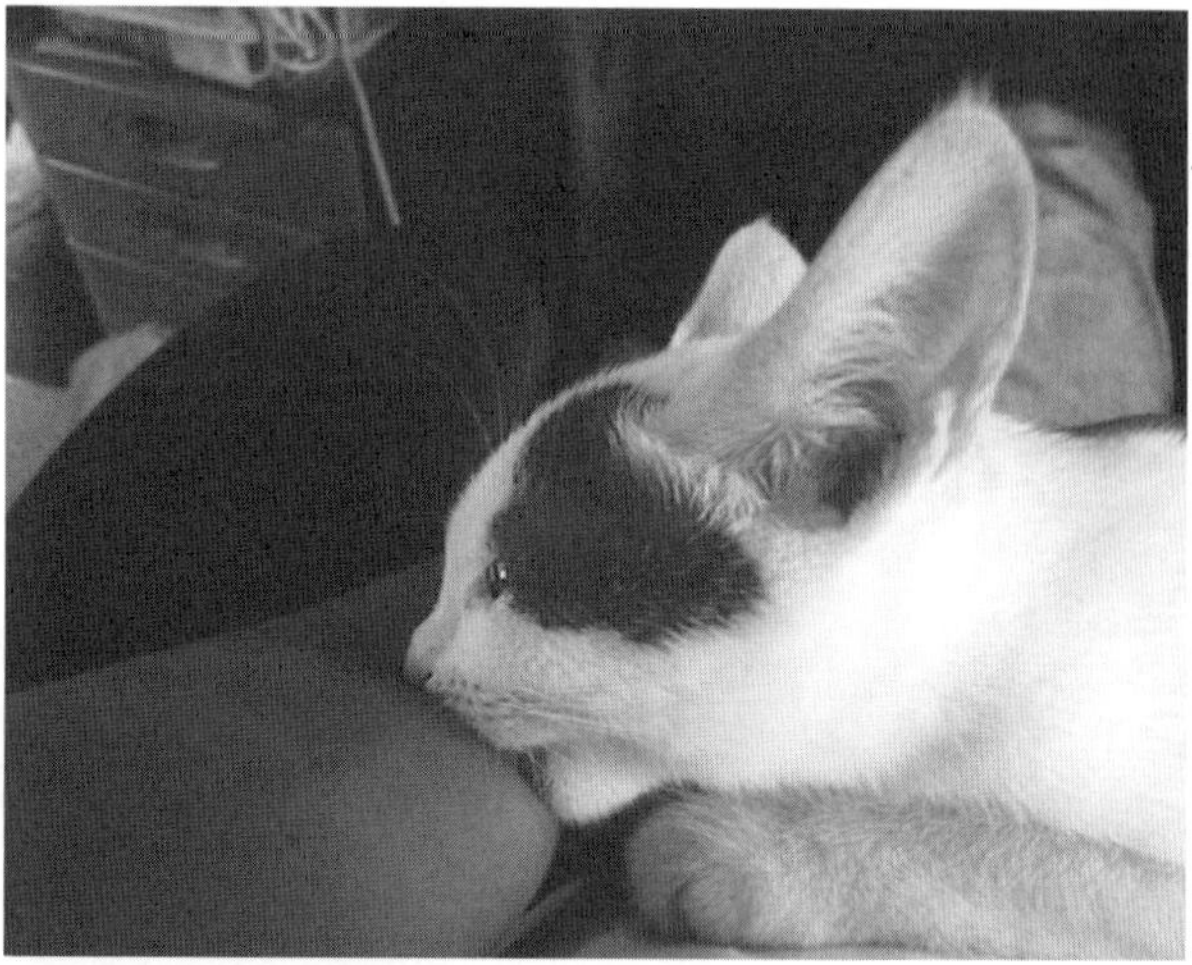

前田《まえだ》さんのひじの内側《うちがわ》をすうハチ

コラム②

ハチの母《はは》ねこ、兄弟《きょうだい》姉妹《しまい》ねこのその後《ご》

ハチには4匹《ひき》（オス3匹《びき》、メス1匹《ぴき》）の兄弟《きょうだい》姉妹《しまい》がいました。ハチのお母《かあ》さん〈にゃー〉の飼《か》い主《ぬし》の飯塚弘樹《いいつかひろき》さんによれば、2匹《ひき》のオスは弘樹《ひろき》さんの家《いえ》で飼《か》うことにして、もう1匹《ぴき》のオスとメスは知人《ちじん》にゆずったそうです。

知人《ちじん》のもとにいった2匹《ひき》は、いまどうしているかわかりません。

弘樹《ひろき》さんの家《いえ》にのこった2匹《ひき》のオスは、〈ヨーちゃん〉、〈トラッキー〉となづけられました。

「ヨーちゃんは、映画《えいが》『スター・ウォーズ』にでてくるヨーダのとんがった耳《みみ》と形《かたち》が似《に》ていたので。トラッキーはキジトラ模様《もよう》がトラっぽかったから」（弘樹《ひろき》さん）だとか。

ヨーちゃんとトラッキーは、にゃーと一緒《いっしょ》に遊《あそ》びまわり、体《からだ》を寄《よ》せあって眠《ねむ》る毎日《まいにち》を送《おく》りました。

ところが2015年《ねん》から2016年《ねん》はじめにかけて、3匹《びき》はあいついで病気《びょうき》にかかってしまったのです。

「急《きゅう》にごはんも食《た》べず、お水《みず》も飲《の》まなくなり、日《ひ》に日《ひ》に衰弱《すいじゃく》して全然動《ぜんぜんうご》けなくなってしまったんです……」

と声《こえ》をおとす弘樹《ひろき》さん。

ヨーちゃんとトラッキーが亡《な》くなり、2016年《ねん》1月初旬《がつしょじゅん》には、にゃーも、そのあとを追《お》うように旅立《たびだ》っていきました。

とんがった耳《みみ》が
特徴《とくちょう》のヨーちゃん

粋《いき》な前髪《まえがみ》（？）のある
トラッキー

3章《しょう》

ハチ、あずかりねこになる

2011年《ねん》7月《がつ》――

ハチが前田《まえだ》さんのもとへやってきて1か月《げつ》がたちました。

このころになると、夜《よる》だけでなく昼間《ひるま》も、ハチはちゃんとお留守番《るすばん》ができるようになっていました。

ただ、前田《まえだ》さんの帰《かえ》りが遅《おそ》いと、ハチはふてくされることがありました。

前田《まえだ》さんが事務所《じむしょ》に帰《かえ》ってきて仕事机《しごとづくえ》にむかうと、字《じ》や絵《え》を入力《にゅうりょく》するペンタブレットのうえにドンとのっかって徹底抗戦《てっていこうせん》。

仕事《しごと》のつづきをできなくしてしまうのです。

いつもなら叱《しか》られるので、やらないのですが、こういうときは別《べつ》。

「ちょっと、どいてよ、仕事《しごと》ができないよ、ハチ！」

それでも、ハチはなかなかどこうとしません。

（もっと甘《あま》えたいのに、なかなか帰《かえ》ってきてくれないんだから、もう！）

まるで前田《まえだ》さんの気《き》をひこうとアピールしているかのようでした。

そんな姿《すがた》をみると、やっぱり、誰《だれ》もいないとハチはさびしいのかな、と前田《まえだ》さんは思《おも》ってしまうのでした。


ハチを飼《か》ったことがうれしくて、友人《ゆうじん》たちに報告《ほうこく》しようと、SNS《エスエヌエス》に、ハチの写真《しゃしん》を投《とう》稿《こう》しはじめたのもこのころです。

すると、友人《ゆうじん》たちから、次々《つぎつぎ》と質問《しつもん》があびせられました。

「ひたいの〝八〟は天然《てんねん》モノなんですか～？」

「このまゆ毛《げ》は自前《じまえ》の模様《もよう》ですか？　すごい八の字《じ》まゆ！」

そんなメッセージに対《たい》し、

「ごらんのとおり天然《てんねん》モノです」

とこたえる前田《まえだ》さん。

ただ、こんなことをいわれることもたびたびでした。

「そのひたいのまゆ毛《げ》、トメ、ハネまできっちりしていて、やけに筆《ふで》さばきがいいじゃないか。前田《まえだ》、おまえ、油性《ゆせい》ペンか筆《ふで》で、まゆ毛《げ》を描《か》いただろ。動物虐待《どうぶつぎゃくたい》じゃないのか？」

そのたびに前田《まえだ》さんは、

「描《か》いてなんかないよ。本当《ほんとう》にこういう模様《もよう》のねこなんだよ」

必死《ひっし》で言《い》い訳《わけ》をしなければなりませんでした。


現在《げんざい》（2017年《ねん》）、宮下銀座商店街《みやしたぎんざしょうてんがい》には、200メートルほどのアーケード通《どお》りの両《りょう》側《がわ》に、衣料品店《いりょうひんてん》や飲食店《いんしょくてん》など約《やく》40店《てん》がたちならんでいます。ここは、徳川家康公《とくがわいえやすこう》をまつる水戸東照宮《みととうしょうぐう》の門前町《もんぜんまち》として、古《ふる》くから栄《さか》えてきました。

ハチがこの商店街《しょうてんがい》にある前田《まえだ》さんの事務所《じむしょ》で暮《く》らしはじめたのは、東日本大震災《ひがしにほんだいしんさい》から3か月《げつ》がたった6月《がつ》ごろでした。

東日本大震災《ひがしにほんだいしんさい》では、水戸《みと》の街《まち》は震度《しんど》6弱《じゃく》の強《つよ》い揺《ゆ》れにおそわれ、商店街《しょうてんがい》の多《おお》くの建物《たてもの》も、水道管《すいどうかん》やガス管《かん》がこわれるなど、大《おお》きな被害《ひがい》を受《う》けました。

震災後《しんさいご》はシャッターをおろした店《みせ》がめだち、人通《ひとどお》りもまばら。なかには営業再開《えいぎょうさいかい》のめどがたたず、そのままやめてしまう店《みせ》もありました。

商店街《しょうてんがい》には、暗《くら》くおもい雰囲気《ふんいき》がただよっていたのです。

（一体《いったい》、いつになったら、震災前《しんさいまえ》のようなにぎわいがもどってくるんだろう……）

前田《まえだ》さんにとっても、それは心《こころ》が痛《いた》む事態《じたい》でした。

しかし、そんな状況《じょうきょう》でも、震災《しんさい》の被害《ひがい》にめげず、毎日営業《まいにちえいぎょう》している店《みせ》がありました。

当時《とうじ》、前田《まえだ》さんの事務所《じむしょ》のすぐ近《ちか》くにあった居酒屋《いざかや》《TEKE2《てけてけ》》もそのひとつ。

村上清司《むらかみせいじ》さんが営《いとな》むその店《みせ》は、前田《まえだ》さんのいきつけで、ハチを飼《か》いはじめてからは、ときどきハチをつれていくこともありました。

震災後《しんさいご》、店《みせ》のお客《きゃく》さんは、毎晩数《まいばんかぞ》えるほどしかいませんでした。

余震《よしん》があると、みんなおびえて帰《かえ》ってしまうのです。

ハチをつれていったその日《ひ》も、お客《きゃく》さんは3組《くみ》ほど。

前田《まえだ》さんはカウンターで友《とも》だちとお酒《さけ》を飲《の》み、20代前半《だいぜんはん》とおぼしき男性《だんせい》と女性《じょせい》が、それぞれ別々《べつべつ》の席《せき》で食事《しょくじ》をしていました。

お客《きゃく》さんが少《すく》ないのをいいことに、ハチは店《みせ》のなかを歩《ある》きまわっています。

すると、女性《じょせい》が村上《むらかみ》さんにたずねてきました。

「このねこ、なんて名前《なまえ》なんですか？」

「ハチっていうんだよ。カウンターにいるメガネのおじさんがハチの飼《か》い主《ぬし》さんなんだ」

「そうなんですか。私《わたし》、ねこ、大好《だいす》きなんです」

少《すこ》しはなれたところにいた男性《だんせい》も会話《かいわ》に入《はい》ってきました。

「じつはぼくもねこが好《す》きなんです。それって本物《ほんもの》のまゆ毛《げ》なんですか？」

「まゆ毛《げ》っていうか、これは生《う》まれつきの模様《もよう》なんだよ」

前田《まえだ》さんがそういうと、

「へえー、すごくめずらしい模様《もよう》のねこですね～」

男性《だんせい》は興味深《きょうみぶか》そうに、ハチをながめています。

「何《なに》かこまってるの？」

女性《じょせい》がハチに聞《き》きます。

そこでハチはタイミングよく、

「ニャー」

店内《てんない》は大爆笑《だいばくしょう》につつまれました。

みずしらずのその男性《だんせい》と女性《じょせい》は、ハチをきっかけにたがいにうちとけ、その晩《ばん》、ねこの話《はなし》などでもりあがっていました。

（ああ、ハチって、人《ひと》をこんなに笑顔《えがお》にする力《ちから》をもってるんだ）

そのとき、前田《まえだ》さんは、はじめてそう実感《じっかん》したのでした。

ハチはといえば、首《くび》をかしげながら、

（なんでみんな、笑《わら》ってるの？）

といいたげな、不思議《ふしぎ》そうな顔《かお》をしていましたが……。

商店街《しょうてんがい》の北東側入《ほくとうがわい》り口《ぐち》、水戸東照宮《みととうしょうぐう》の赤《あか》い鳥居《とりい》のすぐとなりには、《糸久《いときゅう》たばこ店《てん》》という1951年創業《ねんそうぎょう》の老舗《しにせ》たばこ店《てん》があります。

〝かおりん〟こと、三代目《だいめ》店主《てんしゅ》の長谷川香《はせがわかおり》さんが、たばこや宝《たから》くじなどを販売《はんばい》しています。

震災《しんさい》が起《お》こるまで、店《みせ》は香《かおり》さんの77歳《さい》の母《はは》親《おや》の美江《よしえ》さんが、長年《ながねん》ひとりできりもりしてきました。

美江《よしえ》さんによると、商店街《しょうてんがい》はかつて、「通《つう》行人同士《こうにんどうし》の肩《かた》がたがいにぶつかりあうほど」のにぎわいだったこともあったとか。

それが、郊外《こうがい》に大型《おおがた》スーパーができたり、近《ちか》くにあった市庁舎《しちょうしゃ》や県庁舎《けんちょうしゃ》が移転《いてん》したりして、年々人通《ねんねんひとどお》りが減《へ》っていき、店《みせ》の売《う》りあげも減《へ》る一方《いっぽう》……。

近年《きんねん》は、いつ店《みせ》を閉《し》めようかというくらい、瀬戸際《せとぎわ》の経営状態《けいえいじょうたい》がつづいていました。

東日本大震災《ひがしにほんだいしんさい》が起《お》こったのは、まさにそんなときでした。

店内《てんない》は、たばこを並《なら》べていた棚《たな》がひっくりかえり、足《あし》のふみ場《ば》もないほど、ぐちゃぐ

糸久《いときゅう》たばこ店店主《てんてんしゅ》・長谷川香《はせがわかおり》さん

ちゃになりました。店《みせ》の建物《たてもの》はゆがみ、シャッターが閉《し》まらなくなって、約《やく》1か月間営業《げつかんえいぎょう》することができませんでした。

店《みせ》の被害《ひがい》に胸《むね》を痛《いた》めた美江《よしえ》さんは、

（もうやっていけない……）

と、すっかり気力《きりょく》を失《うしな》ってしまいました。

そんな美江《よしえ》さんの背中《せなか》をみて、香《かおり》さんは思《おも》いました。

（いままで赤字《あかじ》つづきだったし、これからもよくなるかどうかわからない。でも、母《はは》がずっとがんばってつづけてきたこの店《みせ》をやめてしまったら、これまでささえてくれた常連《じょうれん》さんたちに申《もう》し訳《わけ》ない……）

そんな思《おも》いから、香《かおり》さんが美江《よしえ》さんにかわって店《みせ》を継《つ》ぐことになったのです。

香《かおり》さんと前田《まえだ》さんは、共通《きょうつう》の友《とも》だちがいたことが縁《えん》で知《し》りあいました。

7月下旬《がつげじゅん》、香《かおり》さんの店《みせ》に買《か》い物《もの》にやってきたとき、前田《まえだ》さんは、ねこを飼《か》ったことを報《ほう》告《こく》したのでした。

「かおりん、ひさしぶり！」

「こんにちは！　お変《か》わりない？」

「うん。あっ、ちょっと変《か》わったことがあった。じつはぼく、最近《さいきん》、ねこを飼《か》いだしたんだよ」

「へえー、どんなねこなの？」

「これみてよ、ハチっていうんだ」

と、もちあるいていたハチの写真《しゃしん》をみせます。

「うわー、まゆ毛《げ》みたいな模様《もよう》！　かわいいわねー。どうしたの、この子《こ》？」

香《かおり》さんも、めずらしいその模様《もよう》にびっくり。

「友《とも》だちの家《いえ》で生《う》まれたこねこをゆずりうけたんだよ。うちの犬《いぬ》と相性《あいしょう》がよくないから、ぼくの事務所《じむしょ》で飼《か》うことにしたんだけどね」

ねこを飼《か》ったと聞《き》いて、香《かおり》さんはふと、息子《むすこ》たちのことを思《おも》いだしました。

香《かおり》さんは夫《おっと》と息子《むすこ》ふたりの4人家族《にんかぞく》。兄弟《きょうだい》は、長男《ちょうなん》の寿俊《かずとし》くん（当時小学《とうじしょうがく》5年生《ねんせい》）と、2つ年下《としした》の次男《じなん》・薫春《ひではる》くん（当時小学《とうじしょうがく》3年生《ねんせい》）です。

「そういえば、うちの息子《むすこ》たち、むかしから『ペットが飼《か》いたい』っていってるのよね。でも、ずっとマンション住《ず》まいだったから、飼《か》えなかったの」

「マンションだと飼《か》うのはむずかしいね」

「震災後《しんさいご》は一軒家《いっけんや》にひっこしたから、いまは飼《か》おうと思《おも》えば飼《か》えるんだけど……」

「それでも飼《か》わないの？」

「うちは共働《ともばたら》きでしょ。かずもひでも学校《がっこう》だし、昼間《ひるま》は家《いえ》に誰《だれ》もいないの。ペットを飼《か》ってもお留守番《るすばん》ばかりじゃ、かわいそうじゃない？　あの子《こ》たちは、『飼《か》って！』って何度《なんど》もいうんだけど、私《わたし》が反対《はんたい》してるのよ」

前田《まえだ》さんはうなずきながら、香《かおり》さんの話《はなし》にじっと耳《みみ》をかたむけていました。

香《かおり》さんは、なつかしそうに話《はなし》をつづけます。

「とくにひでは、小《ちい》さいころペットショップにいくと、いつもケージのなかのこねこをながめてたのよね」

「こねこってかわいいよね。ぼくもいま、ハチにメロメロだもん」

「やだー、55歳《さい》のおじさんなのに」

茶化《ちゃか》すようにいう香《かおり》さん。でも、前田《まえだ》さんはいたって真剣《しんけん》です。

「ねこを愛《あい》するのに歳《とし》は関係《かんけい》ないさ。ほんと、かわいいんだよ」

「そうなのよね。こねこって動《うご》くものになんでも興味《きょうみ》をしめすじゃない？　かと思《おも》うと、ケージのなかでぐっすり眠《ねむ》ってしまったりして、もう、たまらなくかわいいのよね」

「うちのハチも、いまそんな感《かん》じだよ」

「ふーん、ひではね、こねこを飼《か》うのが夢《ゆめ》なのよ」

「飼《か》ってあげられたら、よろこぶのにね」

「まあそうなんだけど、あの子《こ》たち、ちゃんと世話《せわ》するかどうかわからないし。だって、これまでに何度《なんど》、飼《か》ってたカブトムシやザリガニを、世話《せわ》をさぼって死《し》なせてしまったことか……」

「でも、もし実際《じっさい》にねこを飼《か》ったら、ひでくんだって、ちゃんと世話《せわ》をしてくれるんじゃない？」

「そうかもしれないわね。こんどよかったら、そのねこをみせてやってよ」

「そうだ！　それなら、ハチをここにつれてきてみたらどうだろう。息子《むすこ》さんたち、小学《しょうがっ》校《こう》から帰《かえ》る途中《とちゅう》、かならずここに寄《よ》るんでしょ？」

それは、香《かおり》さんの息子《むすこ》さんたちの願《ねが》いを少《すこ》しでも叶《かな》えてあげたいとの思《おも》いからひらめいた、前田《まえだ》さんのアイデアでした。

「えっ!?　ここにねこを？」

香《かおり》さんは、突然《とつぜん》の提案《ていあん》にびっくりしました。

「うん、ハチは人《ひと》みしりしないから、きっとだいじょうぶ」

「だいじょうぶかなあ。私《わたし》もねこ、飼《か》ったことないんだけど……」

「世話《せわ》の仕方《しかた》は教《おし》えてあげるよ。いま、ハチは事務所《じむしょ》にいるんだけど、昼間《ひるま》、ぼくが仕事《しごと》ででかけてしまったら、ハチを昼《ひる》も夜《よる》もひとりにさせてしまうことになるんだよね。ぼくの帰《かえ》りが遅《おそ》いと、さびしいからなのか、ふてくされるんだ。ハチはまだ小《ちい》さいから、心配《しんぱい》なんだよ」

「それはそうよね」

「ぼくが昼間《ひるま》、仕事《しごと》のあるときだけでいいから、ハチをここであずかってよ」

前田《まえだ》さんからそういわれると、香《かおり》さんも、それがいいアイデアに思《おも》えてきました。

「じゃあ、一度《いちど》ためしにつれてきてみる？　息子《むすこ》たち、絶対大《ぜったいおお》よろこびするわ」

「それに、ちょっと前《まえ》にハチを事務所《じむしょ》の近《ちか》くの居酒屋《いざかや》につれていったら、ハチはお客《きゃく》さんたちに大好評《だいこうひょう》だったんだ。ここにハチがすわってたら、震災《しんさい》で意気消沈《いきしょうちん》した街《まち》の人《ひと》たちもおもわず笑《わら》ってしまって、元気《げんき》をだしてくれるかもしれない」

「そのまゆ毛《げ》なら、たしかにそうね」

「じゃあ、近々《ちかぢか》、かおりんの都合《つごう》のいい日《ひ》につれてくるね」

「息子《むすこ》たちにいっとく」

「もしハチがいやがったりしたら、やめればいいんだし」

「そうね」

こうして、香《かおり》さんが店《みせ》でハチをあずかってみることになったのでした。


その日《ひ》、帰宅《きたく》した香《かおり》さんは、さっそくひでくんに話《はな》しました。

「こんどね、前田《まえだ》さんの飼《か》いねこを、店《みせ》で昼間《ひるま》だけあずかることになったの」

すると、ひでくんはびっくりして、聞《き》きかえしました。

「えー一っ！　それ、本当《ほんとう》なの？」

「うん。仕事《しごと》でひとりにさせるのが心配《しんぱい》だからって」

「やったー、ぼく、ねこ飼《か》ってみたかったんだ！」

「ひでは小《ちい》さいころからそういってたもんね」

ひでくんは、とびあがらんばかりのよろこびようです。そして、矢継《やつ》ぎ早《ばや》に質問《しつもん》をなげかけました。

「どんなねこなの？」

「まだ生《う》まれて3か月《げつ》くらいの白《しろ》いこねこよ」

「名前《なまえ》はなんていうの？」

「ハチっていうんだって」

「ハチ？　なんでハチなんだろう」

「お母《かあ》さんは前田《まえだ》さんから写真《しゃしん》をみせてもらったから、なんでかは知《し》ってるけどねー。それは会《あ》ってからのお楽《たの》しみ」

そういって、香《かおり》さんはほほえみました。

「かわいかった?」

「もちろん。だって、まだ手《て》のひらにのるくらいの大《おお》きさだもん」

「いつくるの?」

「都合《つごう》のいいときにつれてくるって」

「そうなんだ。じゃあ、そのとき、ぼくもお母《かあ》さんと一緒《いっしょ》に店《みせ》にいくよ。何《なに》か準備《じゅんび》しておくことはない?」

「うちではねこを飼《か》ったことないし、何《なに》が必要《ひつよう》かわからないわね。ハチが店《みせ》にきてから、前田《まえだ》さんに聞《き》いて、それから考《かんが》えようか」

「うん、わかった! 楽《たの》しみだなあ」

幼《おさな》いころからずっと、こねこを飼《か》うことに憧《あこが》れていたひでくん。

その晩《ばん》は、ハチに会《あ》うのが楽《たの》しみで、なかなか眠《ねむ》れませんでした。

4章《しょう》

ハチ、アルバイトをはじめる

２０１１年《ねん》７月末《がつまつ》――

ミーン、ミンミンミン、ミー

夏《なつ》やすみに入《はい》り、たばこ店《てん》のすぐ近《ちか》くにある水戸東照宮《みととうしょうぐう》の森《もり》からは、さわがしいくらい、セミの合唱《がっしょう》が聞《き》こえてきます。

前田《まえだ》さんが香《かおり》さんと約束《やくそく》をしてから数日後《すうじつご》、いよいよハチをはじめてたばこ店《てん》にあずける日《ひ》がやってきました。

「ハチ、今日《きょう》からかおりんのところで、『アルバイト』をするんだよ。ぼくが仕事《しごと》の間《あいだ》だけ、あずかってもらうんだ。行儀《ぎょうぎ》よくするんだぞ」

事務所《じむしょ》をでる前《まえ》に、前田《まえだ》さんはハチにいいました。

そういわれても、ハチはなんのことだかわからない様子《ようす》。

キャリーケースを開《あ》けると、

（今日《きょう》はどこにおでかけするの？）

と自分《じぶん》からひょいとなかに入《はい》りました。

そして、いつも食《た》べているカリカリと、トイレの砂《すな》を手《て》に、前田《まえだ》さんはたばこ店《てん》へむかったのです。

店《みせ》では、ひでくんが、前田《まえだ》さんがやってくるのを、まだかまだかと待《ま》っていました。

「はじめまして！　ハチです」

前田《まえだ》さんがハチを紹介《しょうかい》すると、ひでくんは開口一番《かいこういちばん》、

「すげー！」

やはりおどろいたのは、まゆ毛《げ》みたいな立派《りっぱ》な〝八〟の字《じ》でした。

しかし、その模様以上《もよういじょう》に、「みゃー」と鳴《な》きながら、かぼそい体《からだ》でよちよち歩《ある》くこねこのかわいさに、ひでくんも香《かおり》さんも、圧倒《あっとう》されてしまいました。

「きゃー、すごくかわいいわね！」

香《かおり》さんは、ハチをみて、おもわずそう叫《さけ》びました。

「さわってもいい？」

ひでくんは、おそるおそるハチにさわります。

ハチは、知《し》らない場所《ばしょ》につれてこられて緊張《きんちょう》していたのか、さわられたりだっこされたりするのをいやがっているようでした。

「じゃあ、ちょっとでかけてくるね」

そういうと、前田《まえだ》さんは仕事《しごと》にでかけていきました。

ひでくんは、こねことふれあうのがはじめてです。

どのように扱《あつか》っていいのか、よくわかりません。

そっと手《て》をのばして体《からだ》をなでてみたり、遠目《とおめ》にハチの行動《こうどう》をながめてみたり……。

ハチはハチで、店《みせ》のなかのにおいをかぎまわったり、うろうろしたり、おちつかない様《よう》子《す》でした。

初日《しょにち》はおためしなので、2、3時間《じかん》もすると、前田《まえだ》さんがむかえにやってきました。

「ハチはどんな様子《ようす》だった？」

香《かおり》さんにたずねます。

「まだ慣《な》れてないみたい。ひでがずっと追《お》いまわしてたわ」

「はじめての場所《ばしょ》だからね。でも、何度《なんど》もくればすぐに慣《な》れるさ」

「ひで、よかったわね。遊《あそ》び相手《あいて》ができて」

香《かおり》さんがそういうと、ひでくんは、

「うん！」

元気《げんき》いっぱいに返事《へんじ》をしました。

ハチを事務所《じむしょ》につれかえった前田《まえだ》さんは、その晩《ばん》、われながら、これはなかなかいいアイデアだと手《て》ごたえを感《かん》じていました。

（これなら、ひでくんはよろこぶ。ハチはさびしくない。ぼくは助《たす》かる。一石三鳥《いっせきさんちょう》じゃないか。明日《あした》からも、ぼくの仕事《しごと》があるときはあずかってもらうことにしよう）

こうして、この日《ひ》のおためしをへて、ハチは「あずかりねこ」となったのです。


その数日後《すうじつご》には、兄《あに》のかずくんも、ハチをみにやってきました。

「うわっ！」

かずくんも、最初《さいしょ》は、ひたいにデンとそびえる〝八〟の字模様《じもよう》にびっくりしましたが、ハチの愛《あい》らしさに、ひとめぼれしてしまいました。

ただ、ハチは、ひでくんと同《おな》じように、かずくんに対《たい》しても、だっこしようとすると、つめでひっかいていやがり、なぜかあまりなつかなかったのです。

「そうだわ、ハチと遊《あそ》ぶおもちゃとか、みんなで買《か》いにいこうか？」

香《かおり》さんがそう提案《ていあん》すると、

「わーい、いこう！」

「ねこじゃらし、買《か》うぞ！」

兄弟《きょうだい》は大《おお》よろこび。

3人《にん》でホームセンターへいき、ハチがいつも食《た》べているカリカリや、ねこじゃらしなどのおもちゃを買《か》いこみました。

「あと、ハチがくつろげるベッドもほしいよね」

と、ひでくん。

いろいろな種類《しゅるい》があって、3人《にん》は迷《まよ》いましたが、

「ハチは女《おんな》の子《こ》だから、やっぱりピンク色《いろ》がいいわよね」

最後《さいご》は香《かおり》さんのひと声《こえ》で決定《けってい》。

ハチの体《からだ》より少《すこ》しだけ大《おお》きい、ピンク色《いろ》のベッドを購入《こうにゅう》しました。

「明日《あした》からハチ専用《せんよう》ベッドはこれだね。ハチ、よろこんでくれるかなあ」

「ふわふわしてて、居心地《いごこち》よさそうだから、きっと気《き》に入《い》ってくれるわよ」

そんなことを話《はな》しながら、3人《にん》は家路《いえじ》についたのでした。


ハチが店《みせ》にきて2週間《しゅうかん》ほどがたった8月半《がつなか》ば。

図画工作《ずがこうさく》が大好《だいす》きな兄弟《きょうだい》は、店《みせ》にあった段《だん》ボールで〝ハチのおうち〟をつくることにしました。

「ひで、やっぱり、家《いえ》には、キャットタワーがないとね」

と、かずくん。

「キャットタワー?」

「うん、ねこがのぼって遊《あそ》ぶ階段《かいだん》みたいなやつ」

「ああ、あれね!」

ふたりはそれぞれ、キャットタワーがどんなものか想像《そうぞう》しながら、段《だん》ボールをまるめて円筒形《えんとうけい》の柱《はしら》にしていきます。

「うーん、うまくできないな」

とひでくん。

「もっと、こうやってみようよ」

かずくんはひでくんにアドバイスしながら、工夫《くふう》をこらします。

でも、ひざほどの高《たか》さまでつくってはみたものの、うまくいかず、設計変更《せっけいへんこう》。

「あーん、じゃあ、これ、ねこじゃらしが回転《かいてん》するようにしちゃおうか」

「うん、それもいいね」

円筒形《えんとうけい》の段《だん》ボールにねこじゃらしをはりつけて、くるくるまわるようにすれば、手《て》にもってふりまわさなくてもいいのではと、かずくんは思《おも》いついたのです。

しかし、それもうまくいかず、未完成《みかんせい》のうちにやめてしまいました。

次《つぎ》に、段《だん》ボールをきって、しきりの壁《かべ》をつくりはじめます。

「ここはハチの寝室《しんしつ》にしよう。おれがここをつくる。おまえはそっちの部屋《へや》をつくれ」

と、しきるかずくん。

「わかったよ。じゃあ、ぼくはハチが遊《あそ》ぶ部屋《へや》をつくるよ」

ひでくんはお兄《にい》ちゃんの指示《しじ》に従《したが》います。

そうこうしながら、ハチのおうちがだんだんとできてきました。

家《いえ》は屋根《やね》のないオープンハウスで、縦《たて》1・5メートル×横《よこ》2メートルほど。

店内《てんない》のひろさは6畳《じょう》ほどなので、かなりのスペースをとる大《おお》きさです。

「ハチ、ちょっとこっちにおいで」

かずくんがハチをつかまえて、つくったばかりの〝ハチの寝室《しんしつ》〟に無理《むり》やり入《い》れてみます。

「どう？　ハチ」

「…………」

「うーん、きゅうくつそうだな」

「もうちょっと改造《かいぞう》して、ひろくしようか」

かずくん(左《ひだり》)&《アンド》ひでくん兄弟《きょうだい》。力作《りきさく》のオープンハウスのなかで

居心地《いごこち》が悪《わる》そうで、すぐに逃《に》げだすハチ。

結局《けっきょく》、〝ハチのおうち〟は、ふたりにとってはうまくできたのですが、ハチのお気《き》には召《め》さなかったようです。

そこで、〝おうち〟をとりこわし、最終的《さいしゅうてき》に〝迷路《めいろ》〟にしました。

香《かおり》さんはそんなふたりをながめながら、兄弟《きょうだい》の力作《りきさく》をしばらくの間《あいだ》、店《みせ》においておきました。

ハチは、その迷路《めいろ》には、ほとんど入《はい》りませんでしたが……。

ハチがきたばかりのこのころ、親子《おやこ》で一緒《いっしょ》に、ハチの似顔絵《にがおえ》を描《か》いたこともありました。

香《かおり》さんは、結婚前《けっこんまえ》に7年間《ねんかん》、保育士《ほいくし》をしていたこともあり、絵《え》は得意《とくい》なのです。

保育士《ほいくし》の仕事《しごと》をやめてから、絵《え》を描《か》く機会《きかい》はほとんどありませんでしたが、ハチがあまりにかわいいので、急《きゅう》にまた絵筆《えふで》をにぎりたくなったのです。

「どっちがうまく描《か》けるかな？」

そういって、香《かおり》さんはひでくんの前《まえ》で、サササッと輪郭《りんかく》をひき、ハチが両脚《りょうあし》をそろえてたっている姿《すがた》を描《か》いてみせます。

ひでくんはといえば、耳《みみ》とまるい顔《かお》まではなんとか描《か》いたのですが、前《まえ》でそろえた両脚《りょうあし》の表現《ひょうげん》がむずかしくて、なかなか思《おも》うように描《か》けません。

「お母《かあ》さん、うまいねえ！」

「うまいでしょ～」

息子《むすこ》にほめられて、香《かおり》さんも得意《とくい》げです。

ハチが店《みせ》にきたことで、親子《おやこ》の会話《かいわ》がよりいっそうはずむようになっていきました。

その夏《なつ》、ひでくんは、友《とも》だちと遊《あそ》ぶよりも、ハチとすごしていた時間《じかん》のほうが長《なが》かったかもしれません。

宿題《しゅくだい》をするときも、ハチと一緒《いっしょ》。

友《とも》だちを店《みせ》に呼《よ》んで、ハチを紹介《しょうかい》したこともありました。

その友《とも》だちは、

「ほんとに〝八〟の字《じ》だ！　すごいなあ」

と感心《かんしん》しきり。

おどろく友《とも》だちの姿《すがた》をみると、ひでくんは、自分《じぶん》がほめられたわけでもないのに、なんだか誇《ほこ》らしい気分《きぶん》になるのでした。

店《みせ》にきたころは、だっこされたり、さわられたりするのをいやがっていたハチですが、1か月《げつ》もたつと、逆《ぎゃく》にハチのほうから、ひでくん、かずくんに体《からだ》をすりよせ、甘《あま》えるようになりました。

いつも一緒《いっしょ》に遊《あそ》んでくれるふたりのことを、ハチはすっかり大好《だいす》きになっていたのです。

ひでくんとかずくんが、ハチのとりあいをすることもよくありました。

「ひで、ちょっとハチを貸《か》してよ」

「いやだよ」

「ずっとだっこしてるんだから、もういいだろ」

「じゃあ、少《すこ》しだけだよ」

そうしてハチはひでくんからかずくんのもとへ。

「おお、ハチ、いい子《こ》だなあ」

しばらくすると、

「お兄《にい》ちゃん、もういいでしょ。ハチを返《かえ》してよ」

「わかったよ」

こんどは、ハチはひでくんのもとへ。

またしばらくすると、かずくんが、

「もういいだろ、貸《か》せよ」

「いやだよ」

そうしてハチは、かずくんとひでくんの間《あいだ》をいったりきたり。

これにはハチも、

（どっちでもいいから、ゆっくり寝《ね》かせてよ～）

といわんばかりの〝こまり顔《がお》〟です。

「仲《なか》よくしなさい！　ハチがかわいそうでしょ」

そんなときは、香《かおり》さんが仲裁《ちゅうさい》に入《はい》ります。

かと思《おも》いきや、ついさっきまでハチと遊《あそ》んでいたひでくんが、急《きゅう》に静《しず》かになったと気《き》づくこともしばしばでした。

香《かおり》さんが店《みせ》の奥《おく》をのぞくと、リクライニングシートのうえで、遊《あそ》びつかれたひでくんとハチが並《なら》んで昼寝《ひるね》をしているのです。

（仲《なか》よしね～）

そんな姿《すがた》をみるたびに、香《かおり》さんは、ハチをあずかってよかったと思《おも》うのでした。

香《かおり》さん親子《おやこ》とハチの夏《なつ》やすみは、そうしてすぎていったのです。

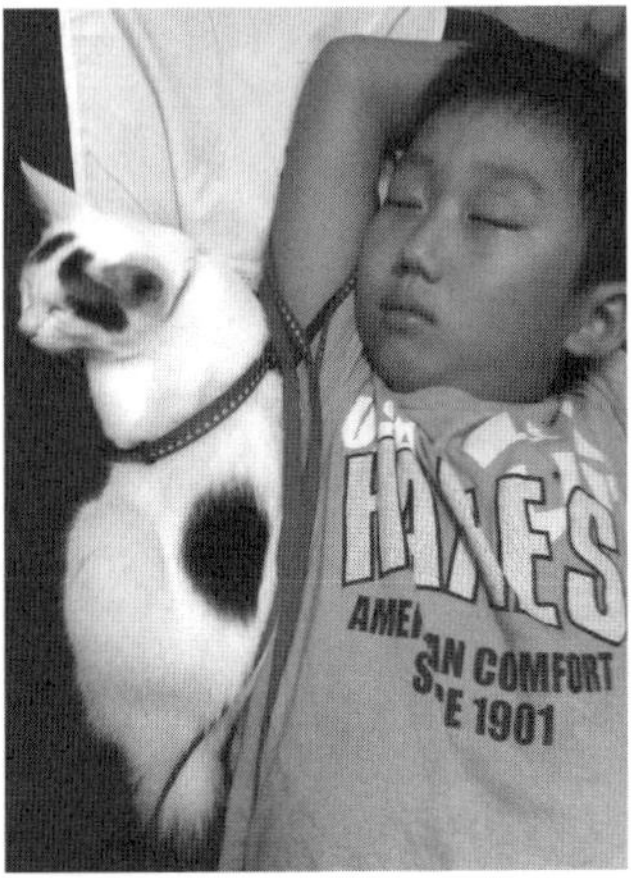
ハチと昼寝《ひるね》するひでくん

夏《なつ》やすみが終《お》わり、2学期《がっき》がはじまっても、ひでくんはハチにべったりでした。
ある日《ひ》、前田《まえだ》さんは香《かおり》さんに、こんなお願《ねが》いをしました。
「こんど、1泊《ぱく》2日《か》の出張《しゅっちょう》があるんだ。ハチをかおりんの家《いえ》で、ひと晩《ばん》あずかってくれないかな？」

それを聞《き》いたひでくんのよろこびようといったら！

「やったあ！　ハチがうちにくるんだね」

ハチはあくまでも「あずかりねこ」です。会《あ》えるのはいつも店《みせ》のなかだけ。でも、家《いえ》にきてくれれば、もっとゆっくりと一緒《いっしょ》にすごせます。

（一度《いちど》でいいから、ハチが家《いえ》に遊《あそ》びにきてくれたらなあ）

ひでくんはひそかにそう願《ねが》っていたのです。

ほどなくして、その日《ひ》はやってきました。

店《みせ》で前田《まえだ》さんからハチをあずかり、香《かおり》さんとひでくんがキャリーケースに入《い》れ、いつも店《みせ》で使《つか》っているトイレも一緒《いっしょ》にもって、つれかえりました。

「ハチ、うちにきて、こわがったりしないかな？」

「うちは2階建《かいだ》てだから、いろんなところを探検《たんけん》するんじゃないかな？」

「今夜《こんや》はハチと思《おも》うぞんぶん、遊《あそ》ぶんだ！」

そんな話《はなし》をしながら、家《いえ》に帰《かえ》ったのでした。

長谷川家《はせがわけ》に足《あし》をふみいれると、ハチは案《あん》の定《じょう》、いろいろなところをかぎまわっていました。

夕食《ゆうしょく》が終《お》わると、かずくんもくわわりました。

「ひで、ねこじゃらし対決《たいけつ》しようか？」

「うん」

〃ねこじゃらし対決《たいけつ》〃とは、各々《おのおの》がねこじゃらしでハチとじゃれあい、どちらがハチをより楽《たの》しませたかを競《きそ》うもの。

「じゃあ、ひで、やるぞ！」

「お兄《にい》ちゃんには負《ま》けないよ」

兄弟《きょうだい》のもつ2つのねこじゃらしを、ハチは交互《こうご》にすばやく追《お》いかけます。

せまい店《みせ》のなかとはちがって、家《いえ》のリビングはひろいので、ハチも、ひでくんもかずくんも、思《おも》いきり走《はし》りまわることができます。

「ハチ、こっちだよ」

「こっち、こっち！」

長谷川家《はせがわけ》はもうドタンバタンの大《おお》さわぎ。

ただ、楽《たの》しい時間《じかん》はあっという間《ま》にすぎていくもので……

「かず、ひで、明日《あした》も学校《がっこう》でしょ。もう遅《おそ》いから、そろそろ寝《ね》なさい」

香《かおり》さんがそういうと、ふたりはなごり惜《お》しそうでしたが、遊《あそ》びつかれたこともあり、素《す》直《なお》にベッドに入《はい》りました。

翌朝《よくあさ》、ひでくんは、少《すこ》しさびしそうな顔《かお》をしています。

「ハチ、もう帰《かえ》っちゃうんだよね」

「そうよ。前田《まえだ》さんが帰《かえ》ってくるんだもの」

「このままずっとハチが家《いえ》にいたらいいのになあ……」

「でも、いつでも店《みせ》で会《あ》えるじゃない」

「うん。そうだよね……ありがとうね、ハチ。うちに遊《あそ》びにきてくれて」

ひでくんはそういって、学校《がっこう》へむかいました。


そのころから、ひでくんは小学校《しょうがっこう》の図画《ずが》工作《こうさく》の授業《じゅぎょう》で、何《なに》か課題《かだい》があたえられると、かならずハチをモチーフにしたものをつくるようになりました。

ハチのスケッチ、ハチの水彩画《すいさいが》、ハチのホワイトボードなどなど。

授業参観《じゅぎょうさんかん》のときには、香《かおり》さんがすわる席《せき》に、〝長谷川香《はせがわかおり》さま〟という名前《なまえ》と一緒《いっしょ》に、ハチのイラスト入《い》りの招待状《しょうたいじょう》を書《か》いたこともありました。

2011年《ねん》の秋《あき》、市民《しみん》センターで陶芸《とうげい》の体験教室《たいけんきょうしつ》があったときもそうでした。

体験教室《たいけんきょうしつ》の課題《かだい》は、〝ネームプレートをつくって部屋《へや》にかざろう〟というもの。

たいていの参加者《さんかしゃ》は、自分《じぶん》の名前《なまえ》のプレートをつくるのですが、ひでくんだけはちがいました。ハチのネームプレートをつくってあげようと思《おも》いついたのです。

ひでくんがつくったハチのネームプレート&《アンド》ホワイトボード

それは、ハチの顔《かお》の形《かたち》のうえに、八の字《じ》まゆ毛《げ》とカタカナの〝ハチ〟の文字《もじ》、肉球《にくきゅう》をあしらった陶器製《とうきせい》のものでした。

あずかりねことはいえ、店《みせ》にいるんだから、ネームプレートがないと。そう思《おも》って、ハチのために一生懸命《いっしょうけんめい》つくったのです。

香《かおり》さんが、

「〝ひで〟じゃなくて、やっぱり〝ハチ〟なんだね」

と聞《き》くと、

「うん。だって、ハチはぼくの妹《いもうと》だもん」

ひでくんは、きっぱりこたえました。

そのネームプレートは香《かおり》さんのお気《き》に入《い》りで、いまでも店《みせ》のカウンターのうえにかざってあります。

毎夕《まいゆう》、学校《がっこう》が終《お》わると、ひでくんは一目散《いちもくさん》にハチに会《あ》いにやってきます。

「ただいま！　お母《かあ》さん、ハチいる？」

「そこで寝《ね》てるわよ」

ランドセルをほうりなげ、ひでくんはハチのもとへまっしぐら。そして、いつものようにねこじゃらしで遊《あそ》んだり、ハチの絵《え》を描《か》いたりしてすごします。

ひでくんにとっては、店《みせ》に寄《よ》ってハチと遊《あそ》ぶのが、大事《だいじ》な日課《にっか》になっていました。

店番《みせばん》をしている香《かおり》さんは、店《みせ》の前《まえ》にあるたばこの自動販売機《じどうはんばいき》の補充《ほじゅう》をするため、外《そと》にでなければならないことがあります。

そんなときは、ひでくんにかならず声《こえ》をかけます。

「ひで、いまからちょっと外《そと》にでるから、ハチをみはっててね」

「うん、ちゃんとみてるよ」

香《かおり》さんが店《みせ》に入《はい》るときも、

「ドアを開《あ》けるけど、ハチはどこにいる？」

「ぼくがつかまえてるからだいじょうぶだよ」

店《みせ》の前《まえ》には国道《こくどう》が通《とお》り、車《くるま》がビュンビュン行《い》き交《か》っています。

万《まん》が一《いち》、ハチが外《そと》にとびだしてしまったら……

想像《そうぞう》するだけで、ひでくんも香《かおり》さんもぞっとします。

だから、ふとした拍子《ひょうし》にハチが外《そと》にでてしまわないよう、常《つね》に気《き》を配《くば》らなければならないのです。

ひでくんは、ハチとただ一緒《いっしょ》に遊《あそ》んでかわいがるだけではなく、いつもハチのことを考《かんが》えて、お母《かあ》さんを手伝《てつだ》うようになっていました。

ハチのカリカリやお水《みず》がなくなったら補充《ほじゅう》したり、トイレの砂《すな》が汚《よご》れていないか気《き》をつけたり、みずから率先《そっせん》して、ハチの世話《せわ》をするようになっていたのです。

(ぼくがハチを守《まも》ってあげるんだ)

そんな責任感《せきにんかん》が、いつの間《ま》にかひでくんのなかに芽生《めば》えていました。

(ハチがくる前《まえ》は、私《わたし》や、かずに甘《あま》えるだけで、こんなふうに誰《だれ》かの世話《せわ》をできるような子《こ》じゃなかったのに……。だいぶ〝おにいちゃん〟になったね。これもハチのおかげなのかもしれない)

香《かおり》さんは、しみじみとそう思《おも》うのでした。

コラム③

ハチ密着《みっちゃく》24時《じ》

前《まえ》田《だ》さんの事務所《じむしょ》で「ひとり暮《ぐ》らし」をしているハチ。ふだんはどんな生活《せいかつ》をしているの？ 平日《へいじつ》のとある1日《にち》に密着《みっちゃく》！

AM7:00

起床《きしょう》

AM7:30

朝食《ちょうしょく》

AM9:00

出勤《しゅっきん》する前田《まえだ》さんをお出迎《でむか》えして、二度寝《にどね》

PM0:30

糸久《いときゅう》たばこ店《てん》でアルバイト

前田《まえだ》さんの肩《かた》にゆられて出勤《しゅっきん》

PM6:10

たばこ店《てん》から事務所《じむしょ》へ帰《かえ》る

おつかれさまー

PM6:30

夕食《ゆうしょく》→テレビ鑑賞《かんしょう》→おもちゃ遊《あそ》び

……めずらしく時代劇《じだいげき》じゃないのね

あっ、ちょっと、待《ま》ちなさい！

まだまだ、おもちゃ遊《あそ》びが好《す》きなお年《とし》ごろ

逃《に》がさないわよ

！

PM10:00

帰宅《きたく》する前田《まえだ》さんをおみおくり

パパ、気《き》をつけてねー

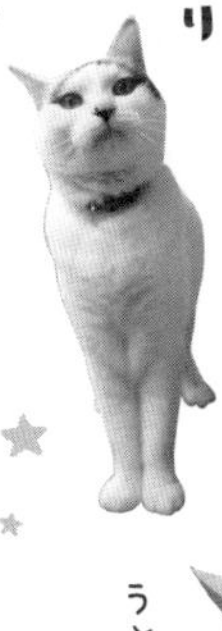

PM11:00

パトロール&《アンド》就寝《しゅうしん》

異常《いじょう》ニャし！

真夜中《まよなか》のパトロール完了《かんりょう》

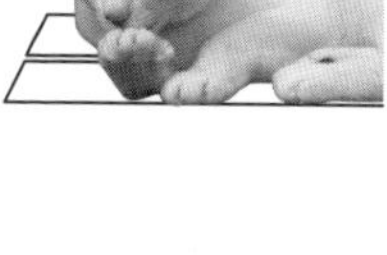

うとうと

5章《しょう》

ご利《り》益《やく》まねく看《かん》板《ばん》ねこ

数字《すうじ》の「8」や「八」は、「末《すえ》ひろがりで縁起《えんぎ》がいい」と日本《にほん》ではいわれていますが、たばこ店《てん》の「看板《かんばん》ねこ」となったハチは、お客《きゃく》さんたちを笑顔《えがお》にするばかりではなく、しだいに〝八の字《じ》まゆ毛《げ》パワー〟を発揮《はっき》して、宝《たから》くじを買《か》いにやってくる人《ひと》たちに、ご利益《りやく》をもたらすようになっていきました。

ハチがやってきてしばらくたったある日《ひ》のこと。

女性《じょせい》のお客《きゃく》さんが宝《たから》くじを買《か》いにやってきました。

香《かおり》さん親子《おやこ》がハチのために買《か》ってあげたピンク色《いろ》のベッドに気《き》づいたその人《ひと》は、香《かおり》さんにたずねます。

「ねこを飼《か》われてるんですか?」

「はい、そうなんです」

香《かおり》さんはそばにいたハチを、ひょいっとだきあげてカウンターに。

「ハチっていうんですよ。よろしくね」

すると、女性《じょせい》は甲高《かんだか》い声《こえ》で、

「キャー、かわいい！　私《わたし》もねこ飼《か》ってるんです」

ハチの頭《あたま》をうれしそうになでました。

カウンターには、香《かおり》さんがおいた宝《たから》くじがありましたが、ハチはそのうえにすわっておとなしくなでられています。

「いまハチちゃんがふんでるその宝《たから》くじ、よくみると末尾《まつび》の数字《すうじ》が『8』じゃないですか！　なんて縁起《えんぎ》がいいんでしょう。それをください」

女性《じょせい》はかなり興奮《こうふん》ぎみにいいました。

それからです。ハチがふんだ（選《えら》んだ？）宝《たから》くじを、お客《きゃく》さんがよろこんで買《か》っていくようになったのは。

なかには、ハチのひたいの〝八〟の字《じ》に、買《か》った宝《たから》くじをこすりつけて、「あたりますように」とお祈《いの》りして帰《かえ》っていくお客《きゃく》さんまであらわれるようになりました。

さらに、ふだんはたばこを買《か》いにくるお客《きゃく》さんにも、ハチは変化《へんか》をもたらしはじめました。

「おおっ、かおりん、ねこを飼《か》ったの？」

常連《じょうれん》の男性客《だんせいきゃく》が、香《かおり》さんにたずねます。

「あずかりねこちゃんなの」

「油性《ゆせい》ペンで、まゆ毛《げ》を描《か》いたろ？」

「描《か》いてない、描《か》いてない。こういう模様《もよう》なのよ」

「ほんと？　かわいいなあ」

「ハチっていうのよ。よろしくね」

「おっ、名前《なまえ》といい、まゆ毛《げ》といい、末《すえ》ひろがりで縁起《えんぎ》がよさそうだね。福《ふく》をまねいてくれるかな。今日《きょう》はひさしぶりに宝《たから》くじでも買《か》ってみようか」

「あたるかもよ～」

「じゃあ、10枚《まい》もらうよ」

「まいどありっ！」

こんなふうに、ハチは「看板《かんばん》ねこ」としての役割《やくわり》をしっかりとはたし、お客《きゃく》さんの間《あいだ》で人気者《にんきもの》になっていったのです。

〝笑《わら》う門《かど》には福来《ふくきた》る〟ということわざがあります。

笑顔《えがお》ですごしていると、きっと幸運《こううん》がおとずれる――

これは本当《ほんとう》です。

ハチがきてから、「宝《たから》くじにあたった」という人《ひと》が、次々《つぎつぎ》とあらわれるようになったのですから。

糸久《いときゅう》たばこ店《てん》では、香《かおり》さんの母親《ははおや》の美江《よしえ》さんが店《みせ》を営《いとな》んでいた時代《じだい》に、ジャンボ宝《たから》くじで1等《とう》1億円《おくえん》の大《おお》あたりがでたことがあります。しかし、そのとき以降《いこう》、大《おお》きなあたりはでていませんでした。

ところが、ハチがやってきた直後《ちょくご》の2011年《ねん》のサマージャンボ宝《たから》くじで、いきなり3等《とう》500万円《まんえん》の高額当選《こうがくとうせん》がでたのです。

あたったのは、このかいわいではまじめな仕事《しごと》ぶりで知《し》られる配達員《はいたついん》の男性《だんせい》でした。東日本大震災《ひがしにほんだいしんさい》で自宅《じたく》がこわれ、こまりはてていた男性《だんせい》は、当選《とうせん》したお金《かね》で家《いえ》をなおすことができたそうです。

そういった大《おお》あたりだけではありません。数千円程度《すうせんえんていど》の少額当選《しょうがくとうせん》は、続々《ぞくぞく》とでるようになりました。

「ずっと宝《たから》くじを買《か》いつづけてきても全然《ぜんぜん》あたらなかったのに、ハチにお願《ねが》いしたら、とたんに千円《せんえん》があたったよ！」

「ハチにさわったら300円《えん》あたったわ！」

というぐあいに、香《かおり》さんのもとにお客《きゃく》さんからのうれしい報告《ほうこく》がたくさん届《とど》くようになったのです。

お客《きゃく》さんのよろこぶ顔《かお》をみると、香《かおり》さんもつられて笑顔《えがお》になってしまいます。

「ハチってすごいわねえ」

うれしい報告《ほうこく》があるたびに、香《かおり》さんは、ハチをやさしくなでるのでした。

「幸運《こううん》を呼《よ》ぶ、八の字《じ》まゆ毛《げ》の看板《かんばん》ねこ・ハチ」のうわさは、たちまち、街《まち》の話題《わだい》になりました。

ハチのことがはじめて新聞《しんぶん》にのったのは、たばこ店《てん》でアルバイトをはじめて3週間《しゅうかん》ほどがたった、8月《がつ》21日付《にちづけ》の朝日新聞茨城版《あさひしんぶんいばらきばん》でした。

記事《きじ》には、香《かおり》さんがハチをだっこしている写真《しゃしん》がのっていて、「額《ひたい》に『八』の字《じ》　幸《しあわ》せ

の招《まね》き猫《ねこ》　被災《ひさい》の店主《てんしゅ》らに癒《いや》し」という見出《みだ》しが。

（ぼくの飼《か》いねこのハチが、新聞《しんぶん》に大《おお》きくのっちゃったよ）

もともと新聞記者《しんぶんきしゃ》だった前田《まえだ》さん。他人《たにん》についての記事《きじ》は書《か》きなれているのですが、いざ自分《じぶん》とハチのことが記事《きじ》になると、てれくさいやら、はずかしいやら。

と同時《どうじ》に、こうしてハチが、街《まち》の人《ひと》たちにひろく知《し》られることを、とても誇《ほこ》らしくも思《おも》いました。

ハチがイベントデビューをはたしたのもこのころです。

前田《まえだ》さんの知《し》りあいが、平均年齢《へいきんねんれい》48歳《さい》のおやじバンド「OKB48《オーケービー》」というバンドをやっているのですが、ハチがライブにゲストとして出演《しゅつえん》し、撮影会《さつえいかい》をすることになったのです。

ボーカルの荻野健三《おぎのけんぞう》さんが、

「自分《じぶん》たちは長年《ながねん》やってきても、まだスターにはなれていない。ところが、ハチは生《う》まれてわずか数《すう》か月《げつ》でスター街道《かいどう》を歩《あゆ》もうとしている。ぼくたちもそんなハチにあやかりたい」

そういって、ハチの参加《さんか》を熱望《ねつぼう》したのです。

イベントが行《おこな》われたのは8月《がつ》21日《にち》の夜《よる》。

ハチは大《おお》きな音《おと》が苦手《にがて》なので、バンドが演奏《えんそう》する前《まえ》に登場《とうじょう》しました。

前田《まえだ》さんがハチをだいて、集《あつ》まったお客《きゃく》さんたちのいるテーブルを順番《じゅんばん》にまわると、

「きゃー！」

「かわいい！」

みんな大興奮《だいこうふん》で、カメラのシャッターをきっていました。

ハチは、そのあとに登場《とうじょう》したおやじバンドをはるかにしのぐ人気《にんき》ぶりでした。

新聞《しんぶん》にとりあげられたことがきっかけとなり、しだいに雑誌《ざっし》の取材《しゅざい》や、テレビへの出演《しゅつえん》依頼《いらい》なども舞《ま》いこむようになりました。

新聞《しんぶん》や雑誌《ざっし》にのると、その記事《きじ》をみた人《ひと》たちが「ハチに会《あ》いたい」とやってきます。

ハチがたばこ店《てん》にくる前《まえ》、お客《きゃく》さんはたばこや宝《たから》くじを買《か》いにくる人《ひと》だけでしたが、ハチが有名《ゆうめい》になるにつれて、ねこ好《ず》きの人《ひと》たちもたくさんやってくるようになりました。

そしてこのころになると、前田《まえだ》さんはハチをねこ用《よう》ハーネスでしっかりつなぎ、肩《かた》のう

えにのせて、事務所《じむしょ》とたばこ店《てん》の間《あいだ》を送《おく》りむかえするようになっていました。

10月半《がつなか》ばのある日《ひ》の夕方《ゆうがた》、前田《まえだ》さんがいつものように、あずけていたハチをむかえにいき、肩《かた》にのせて帰《かえ》ろうとしたときのことです。

3人組《にんぐみ》の女子高生《じょしこうせい》のなかのひとりが、前田《まえだ》さんに声《こえ》をかけてきました。

「ハチちゃんの飼《か》い主《ぬし》さんですか？」

「ええ、そうですけど」

「あの……じつはわたし……なかなか就職《しゅうしょく》がきまらなかったので、少《すこ》し前《まえ》に、ハチちゃんに『就職《しゅうしょく》がうまくいきますように』って、ここでお願《ねが》いさせてもらったんです。そうしたら先日《せんじつ》、無事就職《ぶじしゅうしょく》がきまったんです！」

女子高生《じょしこうせい》は目《め》を輝《かがや》かせながら、前田《まえだ》さんにそう話《はな》しました。

「それはよかったね。おめでとう！」

「あの、これ、お礼《れい》です。キャットフードなんですけど」

「ありがとう。ハチ、きっとよろこぶよ」

そういってプレゼントを受《う》けとった前田《まえだ》さん。その目《め》におもわず涙《なみだ》がうかびました。

CAMEL
本日
発売!!

格の市

MEVIUS
葉巻
NUMBERS
格の市
キャリーオーバー
8億円
チャンス

香《かおり》さんから、ハチのおかげで宝《たから》くじがあたった、受験《じゅけん》や就職《しゅうしょく》がうまくいった、というようなお客《きゃく》さんがいるという話《はなし》は、伝《つた》え聞《き》いていました。

でも、実際《じっさい》に前田《まえだ》さんが、そういう人《ひと》と直接会《ちょくせつあ》ったのは、これがはじめてのことでした。

(未来《みらい》を夢《ゆめ》みるこの子《こ》たちの心《こころ》のどこかに、ハチがいるんだなあ)

そう思《おも》うと、感激《かんげき》して、涙腺《るいせん》がゆるんでしまったのです。

事務所《じむしょ》にもどった前田《まえだ》さんは、ハチに話《はな》しかけました。

「あの高校生《こうこうせい》の女《おんな》の子《こ》、ハチのおかげで就職《しゅうしょく》がきまったんだって。お礼《れい》ももらったよ。ありがたいね」

さらに、冗談《じょうだん》まじりにこういいました。

「ところでぼくには？　そろそろ宝《たから》くじがあたるとか、仕事《しごと》がいそがしくなってすっごくもうかるとか、なんかいいことあってもいいんじゃないの？　飼《か》い主《ぬし》なんだからさ。一番《いちばん》ご利益《りやく》あってもいいはずだよね。聞《き》いてる？　ハチ」

ハチは、前田《まえだ》さんのいうことには耳《みみ》も貸《か》さず……

お客《きゃく》さんからもらった、お気《き》に入《い》りのねずみ人形《にんぎょう》にじゃれて、ひとり遊《あそ》びに夢中《むちゅう》でした。

ハチがもらったプレゼント&《アンド》ファンレター

会《あ》いにいけるアイドル・ハチのもとには、ファンのかたから、たくさんのプレゼントや手紙《てがみ》が届《とど》きます。

もっとも多《おお》いのはキャットフード。ハチは缶《かん》詰《づ》めよりも、カリカリのほうが好《す》きなんです。

つぎによくもらうのが、ねこじゃらしなどのおもちゃ。前田《まえだ》さんの事務所《じむしょ》には、プレゼントでもらったおもちゃが何十個《なんじゅっこ》もあるのです。

ハチを描《か》いた絵《え》やデッサン画《が》をもらったこともありました。

たばこ店《てん》に届《とど》いたハチのファンレターはこれまでに50通《つう》以上《いじょう》。

「宝《たから》くじにあたった」というものから、「進学《しんがく》がきまった」「子宝《こだから》に恵《めぐ》まれた」「病気《びょうき》が治《なお》った」「ハチにはげまされた」というものまで、さまざまな手紙《てがみ》をもらいました。

香《かおり》さんや前田《まえだ》さんは、ハチのかわりに感謝《かんしゃ》をこめて、できるかぎり返事《へんじ》を書《か》くようにしているそうです。

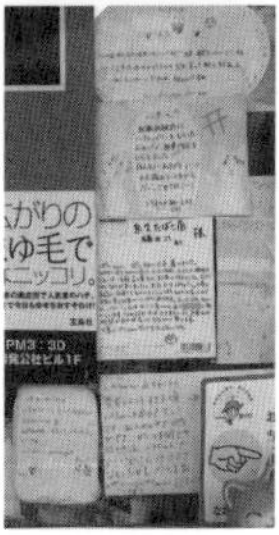

たばこ店《てん》の店頭《てんとう》に貼《は》られたファンレター

6章《しょう》 ハチはアイドル！

2012年《ねん》8月《がつ》――

ハチがたばこ店《てん》に通《かよ》うようになって1年《ねん》がたつと、体《からだ》もひとまわり大《おお》きくなり、たくましくなってきました。

自力《じりき》でいけなかった店《みせ》のなかの高《たか》い棚《たな》のうえにも、いつの間《ま》にか、軽々《かるがる》ととびあがって、縦横無尽《じゅうおうむじん》に歩《ある》きまわれるようになっていました。

いつも香《かおり》さんがたっている店《みせ》の窓口《まどぐち》のうえには、神棚《かみだな》があります。

そのころのハチは、神棚《かみだな》の横《よこ》にあるせまいすきまで寝《ね》るのが好《す》きでした。

窓口《まどぐち》からその神棚《かみだな》がみえるのですが、ハチが寝《ね》ている姿《すがた》を目《め》にしたお客《きゃく》さんはこう言《い》うのです。

「ねこちゃんが神棚《かみだな》のとなりで、幸運《こううん》を祈《いの》ってくれている!」と。

ただ、たくましくはなったものの、ハチは少々《しょうしょう》どんくさいところもありました。

棚《たな》のうえで寝《ね》ていたかと思《おも》うと、寝返《ねがえ》りを打《う》った拍子《ひょうし》に、床《ゆか》にドスンとおっこちてしまうことがよくあったのです。

棚《たな》から棚《たな》へとわたり歩《ある》いているときもそう。

足《あし》をふみはずして、床《ゆか》にドン！

香《かおり》さんは、おちてくるハチを何度《なんど》キャッチしたことか。

（ねこなんだから、ちゃんと着地《ちゃくち》はできるんだろうけど、それにしてもどんくさいよね～）

幸運《こううん》をまねくハチには、そんなおっちょこちょいな一面《いちめん》もあったのです。

水戸《みと》じゅうにうわさが知《し》れわたったハチが、はじめて参加《さんか》した市《し》のイベントは、2012年《ねん》8月《がつ》17日《にち》～19日《にち》に開催《かいさい》された「ワッショイ！　夏《なつ》の子《こ》ども元気《げんき》まつり」でした。

ハチは、高橋靖《たかはしやすし》水戸《みと》市長《しちょう》から、おまつりの「1日特別実行委員長《にちとくべつじっこういいんちょう》」に任命《にんめい》されることになりました。

ねこが実行委員長《じっこういいんちょう》になるなんて、おそらくはじめてのこと。

「とても光栄《こうえい》です」

前田《まえだ》さんは、市《し》の関係者《かんけいしゃ》にそう返事《へんじ》をしたものの、はたしてハチにつとまるのかと内心《ないしん》心配《しんぱい》でした。

イベント初日《しょにち》は、香《かおり》さんとふたりでハチを会場《かいじょう》までつれていきました。

まず市長《しちょう》が、ステージで、おまつりの実行委員長《じっこういいんちょう》をハチにお願《ねが》いすると書《か》かれた書類《しょるい》（委嘱状《いしょくじょう》）を読《よ》みあげ、ハチを肩《かた》にだきかかえた香《かおり》さんが委嘱状《いしょくじょう》と首《くび》からさげる紙製《かみせい》のメダルを受《う》けとります。

会場《かいじょう》には、工作教室《こうさくきょうしつ》、太鼓《たいこ》ゲームなどがあり、茨城県《いばらきけん》を悪《あく》の軍団《ぐんだん》から守《まも》る〈時空戦士《じくうせんし》・イバライガー〉も登場《とうじょう》。バルーンアートのコーナーでは、風船《ふうせん》でハチをつくってくれるというサプライズもありました。

そうしたいろいろな催《もよお》しがあるなかで、この日《ひ》の目玉《めだま》はなんといっても、ハチの撮影会《さつえいかい》でした。

撮影会《さつえいかい》がはじまると、50人《にん》をこえる人《ひと》たちが、パイプいすのうえや香《かおり》さんのひざのうえにちょこんとすわるハチをとりかこみ、写真《しゃしん》におさめました。

「縁起《えんぎ》がいいから、携帯電話《けいたいでんわ》の待《ま》ちうけ画面《がめん》にするわ」

「なんてかわいいの！」

「こんど、宝《たから》くじを買《か》いにいくよ」

ハチをみた人《ひと》たちはみんなうれしそう。

でもハチは、会場《かいじょう》で子《こ》どもたちのたたく太鼓《たいこ》の音《おと》がドンドンと鳴《な》るたびに、ビクッとおびえて体《からだ》をちぢこまらせます。

ハチは、大《おお》きな音《おと》が大《だい》の苦手《にがて》なのです。

ふと、前田《まえだ》さんが、ハチのすわっていたパイプいすをみると、ハチの肉球《にくきゅう》から汗《あせ》がでていることに気《き》づきました。

ねこが肉球《にくきゅう》に汗《あせ》をかくのは、とても緊張《きんちょう》している証拠《しょうこ》。

「かおりん、もうそろそろ限界《げんかい》かも」

「そうね。残念《ざんねん》だけど、ハチのストレスを考《かんが》えたらしかたないわ。帰《かえ》りましょう」

結局《けっきょく》その日《ひ》は、1時間《じかん》ほどで、会場《かいじょう》をひきあげることになってしまいました。

大勢《おおぜい》の人《ひと》たちがいる場所《ばしょ》へでていくには、ハチはまだ不慣《ふな》れだったのです。

2013年《ねん》1月《がつ》には、東京《とうきょう》のテレビ局《きょく》まで、はじめてバラエティ番組《ばんぐみ》の収録《しゅうろく》にでかけました。

ハチが出演《しゅつえん》することになったのは、世《よ》の中《なか》のB級《ビーきゅう》ニュースを紹介《しょうかい》する番組《ばんぐみ》。

「かおりん、息子《むすこ》さんたちも一緒《いっしょ》に、みんなでテレビ局《きょく》にいこうよ」

前田《まえだ》さんがさそうと、かずくんもひでくんも、

「ええーっ、テレビ局《きょく》にいくの?」

「やったー、芸能人《げいのうじん》に会《あ》える!」

と大《おお》よろこび。

テレビ局《きょく》を見学《けんがく》にいくなんて、もちろんはじめての体験《たいけん》です。

収録《しゅうろく》スタジオに入《はい》ると、そこには、いまをときめくお笑《わら》い芸人《げいにん》やタレントが、ずらりと

並《なら》んでいました。

このころは、ちょうど『幸《しあわ》せを呼《よ》ぶ猫《ねこ》 こまり顔《がお》のハチ』（宝島社《たからじましゃ》）という写真集《しゃしんしゅう》が出《しゅっ》版《ぱん》される直前《ちょくぜん》でした。ハチは写真集《しゃしんしゅう》をだすほどのアイドルになっていたのです。

収録中《しゅうろくちゅう》、司会《しかい》の女性《じょせい》アナウンサーが、

「それではつづいてのニュースです。茨城県水戸市《いばらきけんみとし》で幸《しあわ》せを呼《よ》ぶねことして人気《にんき》を集《あつ》めるハチの写真集《しゃしんしゅう》が発売《はつばい》されることになりました」

そうニュースを読《よ》みあげると、あらかじめ撮《と》っておいた、たばこ店《てん》でのハチやお客《きゃく》さんの様子《ようす》をまとめたVTR《ブイティーアール》が流《なが》れます。

それが終《お》わると、スタジオの出演者《しゅつえんしゃ》たちは、

「八の字《じ》まゆ毛《げ》、かわいかった〜」

と、一様《いちよう》にびっくり。

そのタイミングで、香《かおり》さんの肩《かた》にのったハチがゲストとして登場《とうじょう》したのです。

「うわー、かわいい！ 本当《ほんとう》に〝八〟の字《じ》だ」

「写真撮《しゃしんと》らせて！」

出演者《しゅつえんしゃ》たちも興奮《こうふん》ぎみ。

このときは、大《おお》きな音《おと》がすることがなかったからか、ハチもおとなしく、リラックスしていました。

見学《けんがく》していたかずくんとひでくんは、収録《しゅうろく》が終《お》わると、出演《しゅつえん》していた芸能人《げいのうじん》と握手《あくしゅ》をさせてもらいました。

帰《かえ》り道《みち》、前田《まえだ》さんはほっとして、香《かおり》さん親子《おやこ》にいいました。

「今回《こんかい》はハチ、じっとしてたね。無事《ぶじ》に終《お》わってよかった」

「うん、よかった～。テレビでしかみたことない有名人《ゆうめいじん》がたくさんいたから、私《わたし》のほうがドキドキして緊張《きんちょう》しちゃったわー」

「お母《かあ》さんはミーハーだもんなあ」とかずくん。

「たぶん、ほかの友《とも》だちには、なかなかできない体験《たいけん》だったよね」

前田《まえだ》さんが、かずくんとひでくんにそういうと、

「うん、すごかったー」

「これもハチのおかげだよ」

ふたりとも満足《まんぞく》そうでした。

イベントやテレビに出演《しゅつえん》し、すっかり有名《ゆうめい》ねこになったハチですが、2013年《ねん》の秋《あき》には、ちょっとした事件《じけん》が起《お》きました。

ハチが脱走《だっそう》してしまったのです！

前田《まえだ》さんの事務所《じむしょ》で、香《かおり》さんとひでくんが、前田《まえだ》さんの仕事《しごと》の手伝《てつだ》いをしていたときのこと。

ふと、前田《まえだ》さんが事務所《じむしょ》のなかをみまわすとハチの姿《すがた》がありません。

みんな作業《さぎょう》に集中《しゅうちゅう》していたので気《き》づかなかったのですが、玄関《げんかん》のドアがきっちり閉《し》まっておらず、少《すこ》しだけすきまが開《あ》いていました。

「大変《たいへん》だ！　ハチが外《そと》にでてってしまったかもしれない。すぐにみんなで手《て》わけしてさがそう」

前田《まえだ》さんがそういって、焦《あせ》って外《そと》へとびだすと、香《かおり》さんとひでくんもあとにつづき、3

人《にん》は周囲《しゅうい》をさがしはじめました。

じつは、ハチが〝脱走《だっそう》〟したのは、これが二度目《どめ》でした。一度目《どめ》は、ハチが1歳《さい》をすぎたころ。そのときも玄関《げんかん》のドアが半開《はんびら》きになっていて、外《そと》にでてしまったのですが、道路《どうろ》まではいけず、ドアから少《すこ》しはなれたところで、おびえた様子《ようす》でうずくまっていました。

ハチをさがしながら、一度目《どめ》の脱走《だっそう》を思《おも》いだした前田《まえだ》さんは、

（いつも窓《まど》からおもてをながめているから、外《そと》の世界《せかい》に興味《きょうみ》はあるんだろうけど、臆病《おくびょう》なところもあるし、遠《とお》くへはいっていないだろう）

そう、たかをくくっていたのですが、こんどばかりはハチの姿《すがた》はどこにもみあたりません。

3人《にん》は事務所《じむしょ》のまわりを必死《ひっし》でさがしました。

秋《あき》の夕暮《ゆうぐ》れははやく、あたりは真《ま》っ暗《くら》でした。

「ハチ、どこにいっちゃったんだよ……」

1時間《じかん》ほどさがしまわり、前田《まえだ》さんが途方《とほう》に暮《く》れて、そうつぶやいたときでした。

「いたよ！　あそこだ」

突然《とつぜん》、ひでくんが叫《さけ》びました。

ハチは、事務所《じむしょ》の前《まえ》のがけの草《くさ》むらで、すわりこんでいました。

ひでくんは懐中電灯《かいちゅうでんとう》で周囲《しゅうい》をくまなくてらしながら、目《め》を皿《さら》のようにしてさがしていたのです。

がけの草《くさ》むらに光《ひかり》をむけたとき、ピカッと2つの目《め》が光《ひか》ったので、それがハチだとわかりました。

本当《ほんとう》は臆病《おくびょう》なくせして、ついつい外《そと》にでていって、事務所《じむしょ》の前《まえ》のがけをのぼってはみたものの、おりられなくなってしまい、こわくなってその場《ば》でじっとしているしかなかったようなのです。

「ありがとう。お手柄《てがら》だったね」

前田《まえだ》さんはひでくんにお礼《れい》をいいました。それから、ハチにむかって、

「外《そと》にでちゃだめじゃないか、ハチ！」

前田《まえだ》さんはいまにも泣《な》きだしそうなこわい顔《かお》をして、きびしく叱《しか》りました。

（ごめんなさい……）

ハチは本当《ほんとう》にこまった表情《ひょうじょう》をうかべ、しっかり反省《はんせい》しているようでした。

外《そと》でこわい思《おも》いをしたあげく、前田《まえだ》さんにこっぴどく叱《しか》られたせいか、このとき以来《いらい》、三度目《どめ》の脱走《だっそう》はまだありません。

コラム⑤

にせハチ、あらわる!

2014年《ねん》ごろのこと。

たばこ店《てん》にいた香《かおり》さんのところに、なじみの男性客《だんせいきゃく》がやってきて、あわてた様子《ようす》でいいました。

「大変《たいへん》だ! ハチが道路《どうろ》にとびだして、車《くるま》にはねられそうになってたよ!」

それを聞《き》いて、びっくりしたのは香《かおり》さんのほうです。

「ええっ? でも、ハチはここにいるよ」

香《かおり》さんが指《ゆび》さした先《さき》には、爆睡中《ばくすいちゅう》のハチが。

そんなことがあって、ハチに模様《もよう》がよく似《に》た野良《のら》ねこ、通称《つうしょう》〈にせハチ〉の存在《そんざい》があきらかになりました。

白毛《しろげ》で尻尾《しっぽ》は黒《くろ》。ひたいの両耳元《りょうみみもと》に黒《くろ》い模様《もよう》があり、遠《とお》くからみるとハチによく似《に》ています。

このにせハチ、宮下銀座商店街《みやしたぎんざしょうてんがい》に住《す》んでいるのですが、よくみると、不妊《ふにん》・去勢手術《きょせいしゅじゅつ》をしたことをしめす耳《みみ》カットがほどこされています。どうやらねこ好《ず》きのボランティアさんが、地域《ちいき》ねことして世話《せわ》をしているようです。

ハチにまちがわれて、にせハチも〝こまり顔《がお》〟!?

ハチの視線《しせん》の先《さき》に、にせハチ!

にせハチ、あらわる!!

7章《しょう》　商《しょう》店《てん》街《がい》にひろがる幸《しあわ》せ

水面《みなも》に雫《しずく》を一滴《いってき》おとすと、まるい波紋《はもん》ができて、しだいに大《おお》きくなっていきます。それと同《おな》じように、ハチがまねいた福《ふく》は、雫《しずく》のように人々《ひとびと》の心《こころ》のなかにおち、幸《しあわ》せの輪《わ》となってひろがりはじめていきました。

たばこ店《てん》の看板《かんばん》ねことして、店《みせ》のお客《きゃく》さんたちに福《ふく》をまねくだけではなく、ハチが住《す》んでいる宮下銀座商店街《みやしたぎんざしょうてんがい》の人《ひと》たちにも、幸《しあわ》せをもたらすようになっていったのです。

糸久《いときゅう》たばこ店《てん》の横《よこ》の赤《あか》い鳥居《とりい》をくぐり、歩《ある》いて約《やく》30秒《びょう》。

左手《ひだりて》にある《喫茶《きっさ》&《アンド》グリル梅善《うめぜん》》の店主《てんしゅ》・平本昭治《ひらもとしょうじ》さんは、今年《ことし》（2017年《ねん》）の10月《がつ》で、88歳《さい》の米寿《べいじゅ》をむかえます。

「ハチハチじゃなあ。ワッハハハハ」

豪快《ごうかい》な笑《わら》い声《ごえ》をあげる平本《ひらもと》さんは、1962年《ねん》に商店街《しょうてんがい》ができて以来《いらい》、50年《ねん》以上《いじょう》にわたって、奥《おく》さんとともにこの喫茶店《きっさてん》を営《いとな》んできました。

前田《まえだ》さんがハチをつれて、たまにコーヒーを飲《の》みにいくと、平本《ひらもと》さんはきまって、

「大《おお》きくなったなあ」

とハチに声《こえ》をかけます。

ハチの姿《すがた》をみると、一見《いっけん》こわそうな平本《ひらもと》さんの顔《かお》が、みるみるうちにほころびます。

「ハチに会《あ》うとオレも元気《げんき》がでるんだよ。なんてったって〝八〟の字《じ》だからな。幸《しあわ》せを呼《よ》ぶんだからたいしたもんだよ。飼《か》い主《ぬし》の前田《まえだ》さんも幸《しあわ》せだ。ワッハハハ」

平本《ひらもと》さんは、威勢《いせい》よく笑《わら》って、ハチの頭《あたま》をなでるのです。

村上《むらかみ》さんは、震災《しんさい》から1年《ねん》がたったころ、商店街《しょうてんがい》で営《いとな》んでいた《TEKE2《てけてけ》》を閉《し》め、少《すこ》しはなれた場所《ばしょ》に《串《くし》カツ　てけ×2《てけてけ》》をあらたにオープンさせていました。

震災直後《しんさいちょくご》、店《みせ》にハチの写真《しゃしん》をかざっていると、それをみたお客《きゃく》さんたちがハチの話《はなし》でもりあがりました。笑《わら》い声《ごえ》は店外《てんがい》にまでひびき、客足《きゃくあし》はもどりましたが、もっとたくさんのお客《きゃく》さんが集《あつ》まるひろい店《みせ》をだしたいと考《かんが》え、移転《いてん》したのです。

あたらしい店《みせ》をだすには、たくさんのお金《かね》が必要《ひつよう》で、なかなかふんぎりがつきませんでした。

（ハチがきっかけになって、店《みせ》は震災前《しんさいまえ》のようににぎわうようになった。それでぼくも勇《ゆう》気《き》がわいて、あたらしい店《みせ》をだして、またがんばっていこうと思《おも》えたんだ。何《なに》かに挑戦《ちょうせん》しようと思《おも》えば、当然苦《とうぜんくる》しいことだってある。でも、震災《しんさい》だってのりこえられたんだ。これからも、きっとなんとかなるさ)

前《まえ》をむいてチャレンジする村上《むらかみ》さんを元気《げんき》づけたのは、ハチでもあったのです。

そんな村上《むらかみ》さんの新店《しんてん》に、20代後半《だいこうはん》のカップルがやってきたのは、2013年春《ねんはる》ごろのこと。

「私《わたし》たち、子《こ》どもが生《う》まれたんです!」

ふたりは、前《まえ》の店《みせ》で、前田《まえだ》さんが幼《おさな》いハチをたまたまつれてきていたことがきっかけで知《し》りあった、あの男女《だんじょ》です。

その後《ご》、ふたりはつきあうようになり、約《やく》1年間《ねんかん》の交際《こうさい》をへて結婚《けっこん》。

そのときも「いま婚姻届《こんいんとどけ》をだしてきました」と、村上《むらかみ》さんに報告《ほうこく》をしにきたそうです。

以来《いらい》、ふたりは人生《じんせい》の節目《ふしめ》にはかならず、村上《むらかみ》さんのところにやってくるようになりました。

「あのとき、もしハチがお店《みせ》にいなかったら、彼《かれ》と出会《であ》うこともなかったでしょう。こうしていまあかちゃんを授《さず》かることができたのも、みなさんのおかげです。ありがとうございました」

夫《おっと》のとなりに寄《よ》りそい、幸《しあわ》せそうな笑《え》みをうかべながら、女性《じょせい》は村上《むらかみ》さんにお礼《れい》をいいました。

結婚《けっこん》といえば、こんなカップルも誕生《たんじょう》しました。

商店街《しょうてんがい》の近《ちか》くで衣料品店《いりょうひんてん》《SLOW《スロー》 JAM《ジャム》》、《SLOW《スロー》 JAM《ジャム》 2ND《セカンド》》の2店《てん》を営《いとな》む小貫光弘《おぬきみつひろ》さん、ひとみさん夫婦《ふうふ》。

ふたりはかつて、商店街《しょうてんがい》にある衣料品店《いりょうひんてん》で働《はたら》いていた、同《おな》じ会社《かいしゃ》の仕事仲間《しごとなかま》でした。

光弘《みつひろ》さんには、こんな夢《ゆめ》がありました。

（素敵《すてき》な彼女《かのじょ》をみつけて結婚《けっこん》して、いま働《はたら》いている店《みせ》から独立《どくりつ》して自分《じぶん》の店《みせ》をもつんだ）

2012年《ねん》の春《はる》ごろ、商店街《しょうてんがい》の居酒屋《いざかや》で、光弘《みつひろ》さんは前田《まえだ》さんと知《し》りあいます。

そのとき、光弘《みつひろ》さんが熱《あつ》く夢《ゆめ》を語《かた》るのを聞《き》いた前田《まえだ》さんは、ハチの写真《しゃしん》をプレゼントしました。

光弘《みつひろ》さんはうれしくて、それを免許証《めんきょしょう》ケースのなかに入《い》れて大事《だいじ》に保管《ほかん》し、いつももちあるいていました。

するとその夏《なつ》、ひとみさんとつきあうことに。そして、翌年《よくねん》4月《がつ》には独立《どくりつ》して自分《じぶん》の店《みせ》を開《ひら》き、10月《がつ》にはひとみさんと結婚《けっこん》。その後《ご》、さらにもう1店舗出店《てんぽしゅってん》と、トントン拍子《びょうし》で夢《ゆめ》が叶《かな》ったのです。

「じつはあのハチの写真《しゃしん》、夫《おっと》は肌身《はだみ》はなさず、いまも大切《たいせつ》にしてるんですよ」

ひとみさんは、やさしい笑《え》みをうかべながら話《はな》します。

光弘《みつひろ》さんも、

「ハチの写真《しゃしん》は、ぼくの大事《だいじ》なお守《まも》りです。前田《まえだ》さんからあれをいただいてから、次々《つぎつぎ》と夢《ゆめ》が叶《かな》っていったんですから」

それを聞《き》いた前田《まえだ》さんは、

「一番《いちばん》は小貫《おぬき》さんが努力《どりょく》した結果《けっか》だと思《おも》うけど、そういってもらえるなんて、とてもうれしいよ。これからも応援《おうえん》してるよ」

目《め》をうるませながら、ふたりに声《こえ》をかけるのでした。

村上《むらかみ》さんの前《まえ》の店《みせ》《TEKE2《てけてけ》》が移転《いてん》したあとにあたらしくできたのが、焼《や》き鳥店《とりてん》《大衆酒場《たいしゅうさかば》　鳥《とり》らんど》です。

震災《しんさい》によって建物《たてもの》がこわれ、商店街《しょうてんがい》から去《さ》っていった店《みせ》もありましたが、何年《なんねん》かたつと、あたらしく店《みせ》をだす若《わか》い人《ひと》たちがふえてきました。

《大衆酒場《たいしゅうさかば》　鳥《とり》らんど》のオーナー・葛野国義《かつのくによし》さんもそのひとりです。

葛野《かつの》さんと知《し》りあいだった前田《まえだ》さんは「店《みせ》のオープン祝《いわ》いに」と、鉢植《はちう》えの花《はな》に、〝祝《しゅく》開店《かいてん》♪　ハチより〟というメッセージつきのハチの写真《しゃしん》をそえて、プレゼントしました。

葛野《かつの》さんは大《おお》よろこびで、それをしばらく店《みせ》の出入《でい》り口《ぐち》の、お客《きゃく》さんからよくみえる場所《ばしょ》にかざっていました。

すると、あるとき女性客《じょせいきゃく》が、

「ええっ、このお店《みせ》、ハチからお花《はな》が届《とど》くんですか？」

とびっくりした様子《ようす》でいいました。

葛野《かつの》さんは、

「いやいや、ハチではなくて、ハチの飼《か》い主《ぬし》さんからいただいたお花《はな》なんですよ」

と、鼻高々《はなたかだか》にこたえます。

「すごーい！　私《わたし》もこの間《あいだ》、そこのたばこ屋《や》さんへいったんですけど、ハチはお昼寝中《ひるねちゅう》で、姿《すがた》はみられなかったんですよ。それでね……」

そんなふうに、ハチをきっかけに、雑談《ざつだん》がはじまることがよくありました。

（ぼくは料理《りょうり》をしてるから、なかなかお客《きゃく》さんと接《せっ》することができないけど、ハチをきっかけに、こうやって話《はなし》がはずむこともあって、「またきます」といってくれる人《ひと》もふえた。ハチの力《ちから》って、やっぱりすごいなあ）

ハチの写真《しゃしん》は、いまも葛野《かつの》さんの大事《だいじ》な宝物《たからもの》です。

商店街《しょうてんがい》の奥《おく》にあるお好《この》み焼《や》き店《てん》《このみ屋《や》。》と、古着店《ふるぎてん》の《マジカルミステリーツアー》は、2014年《ねん》9月《がつ》にオープンしたあたらしいお店《みせ》です。

《このみ屋《や》。》店主《てんしゅ》の大竹浩司《おおたけこうじ》さんは、小学生《しょうがくせい》のころ、ねこを飼《か》っていたことがあり、大人《おとな》になってからも、ねこカフェに入《い》りびたっていたほどのねこ好《ず》きでした。

この店《みせ》をだす前《まえ》、大竹《おおたけ》さんはパン屋《や》で働《はたら》いていて、一緒《いっしょ》に働《はたら》いていた人《ひと》から、「誕生日《たんじょうび》プレゼントに」と、ハチの写真集《しゃしんしゅう》をもらいました。

（へえ、ハチっていう有名《ゆうめい》なねこが水戸《みと》にいるんだ。いつか会《あ》ってみたいなあ）

そのときはそう思《おも》っただけだったのですが、まさか自分《じぶん》が店《みせ》をだした商店街《しょうてんがい》にハチがいるとは想像《そうぞう》もしませんでした。

大竹《おおたけ》さんが店《みせ》をオープンして、しばらくすると、前田《まえだ》さんがハチをつれてやってきました。

「こんにちは、ハチっていうんです。よろしくお願《ねが》いします」

大竹《おおたけ》さんはおどろきながら、

「写真集《しゃしんしゅう》をみてハチのことは知《し》ってましたけど、この商店街《しょうてんがい》に住《す》んでるんですね。ほんと、末《すえ》ひろがりのまゆ毛《げ》が立派《りっぱ》ですね」

そういって、ハチとの偶然《ぐうぜん》の出会《であ》いをよろこびました。

《このみ屋《や》》の真《ま》むかいにあるのが古着店《ふるぎてん》《マジカルミステリーツアー》です。

店主《てんしゅ》の石山喜郎《いしやまよしろう》さんは、十数年前《じゅうすうねんまえ》、ミュージシャンの弟《おとうと》・泰之《やすゆき》さんを火事《かじ》で亡《な》くしました。古着店《ふるぎてん》を経営《けいえい》することは泰之《やすゆき》さんの夢《ゆめ》でもあり、「いつか一緒《いっしょ》にやれたらいいね」とよく話《はな》していたといいます。

その夢《ゆめ》を叶《かな》えるため、石山《いしやま》さんは《マジカルミステリーツアー》を開店《かいてん》させました。

ただ、お客《きゃく》さんがきてくれるか、売《う》りあげはきちんとあがるか、常《つね》に不安《ふあん》はありました。

そんなときに出会《であ》ったのが前田《まえだ》さんとハチでした。

前田《まえだ》さんは、たばこ店《てん》から、あずけたハチをむかえにいった帰《かえ》りに、石山《いしやま》さんの店《みせ》にもよくたちよりました。

はじめてハチの顔《かお》をみたとき、石山《いしやま》さんは失礼《しつれい》とは思《おも》いつつ、おもわずプッとふきだしてしまいました。

その瞬間《しゅんかん》、いだいていた不安《ふあん》がどこかにふきとんでしまったような気分《きぶん》になったのです。

（くよくよと先《さき》のことを考《かんが》えていたってしょうがない。しっかりと前《まえ》をむいて、いまこのときをがんばっていこう）

ハチは石山《いしやま》さんに、そう思《おも》わせてくれたのです。

泰之《やすゆき》さんはねこが大好《だいす》きだったそうです。

ハチが店《みせ》にきたときは、いあわせたお客《きゃく》さんは大《おお》よろこび。すぐに撮影会《さつえいかい》がはじまります。

(今日《きょう》もハチがきて、お客《きゃく》さんを笑顔《えがお》にしてくれたよ)

石山《いしやま》さんは、心《こころ》のなかでそっと、泰之《やすゆき》さんに語《かた》りかけるのです。

コラム⑥

宮《みや》下《した》銀《ぎん》座《ざ》商《しょう》店《てん》街《がい》のみなさん紹《しょう》介《かい》

ハチが暮《く》らす、宮下銀座商店街《みやしたぎんざしょうてんがい》のみなさんを一挙《いっきょ》ご紹介《しょうかい》！　その表情《ひょうじょう》からは、ハチへのあふれんばかりの愛《あい》が伝《つた》わってきます。

《喫茶《きっさ》&《アンド》グリル梅善《うめぜん》》
平本昭治《ひらもとしょうじ》さん

笑顔《えがお》で“八の字《じ》まゆ毛《げ》”ポーズ

ハチバルーン

《串《くし》カツ　てけ×2《てけてけ》》
村上清司《むらかみせいじ》さん

ハチに背中《せなか》をおされるように、商店街《しょうてんがい》の近《ちか》くに新店舗《しんてんぽ》を出店《しゅってん》

《SLOW JAM《スロージャム》》、《SLOW JAM 2ND《スロージャムセカンド》》
小貫光弘《おぬきみつひろ》さん、ひとみさん夫婦《ふうふ》

ハチの写真《しゃしん》のおかげで、結婚生活《けっこんせいかつ》も仕事《しごと》も順調《じゅんちょう》

※両店《りょうてん》は商店街《しょうてんがい》から徒歩《とほ》5～10分《ぷん》。
2017年秋《ねんあき》、水戸市千波町《みとしせんばちょう》に移転《いてん》し、新装《しんそう》オープン予定《よてい》。

ハチはんこ

葛野《かつの》さんの宝物《たからもの》

《このみ屋《や》。》
大《おお》竹《たけ》浩《こう》司《じ》さん

ハチせん

ハチにちなんだメニュー、
ハチせんを開発《かいはつ》

《大衆《たいしゅう》酒《さか》場《ば》　鳥《とり》らんど》
葛《かつ》野《の》国《くに》義《よし》さん

ハチとの
2《ツー》ショット写真《しゃしん》が宝物《たからもの》

ハチの置物《おきもの》

《マジカルミステリーツアー》
石《いし》山《やま》喜《よし》郎《ろう》さん

ハチの置物《おきもの》を手《て》に
“八の字《じ》まゆ毛《げ》”ポーズ

《夜《よる》の虫《むし》》
大《おお》河《こう》内《ち》和《かず》代《よ》さん（左《ひだり》）、
青《あお》木《き》麗《れい》子《こ》さん

ハチの大《だい》ファン
という大河内《おおこうち》さん

8章《しょう》 ハチと、ずっと一緒《いっしょ》に…

ハチの人気《にんき》を、全国的《ぜんこくてき》に不動《ふどう》のものにしたのは、2015年《ねん》6月《がつ》26日《にち》にNHK《エヌエイチケー》で放送《ほうそう》された『ドキュメント72時間《じかん》』という番組《ばんぐみ》でした。

この番組《ばんぐみ》は、72時間《じかん》（3日間《かかん》）、同《おな》じところでテレビカメラをまわし、そこにやってくる人《ひと》たちにインタビューをするもので、ハチや、糸久《いときゅう》たばこ店《てん》にやってくるお客《きゃく》さんたちに密着《みっちゃく》したドキュメンタリーです。

「茨城水戸《いばらきみと》　ウワサの猫《ねこ》と商店街《しょうてんがい》」と題《だい》されたこの番組《ばんぐみ》は、宮下銀座商店街《みやしたぎんざしょうてんがい》の人《ひと》たちがハチに元気《げんき》づけられる様子《ようす》なども映《うつ》っており、何度《なんど》か再放送《さいほうそう》もされました。

放映後《ほうえいご》は、水戸《みと》の人《ひと》たちだけでなく、北海道《ほっかいどう》から沖縄《おきなわ》まで、全国各地《ぜんこくかくち》から、たばこ店《てん》や商店街《しょうてんがい》へやってくる人《ひと》がますますふえたのです。

前田《まえだ》さんがたばこ店《てん》にハチをあずける時間《じかん》、あるいはむかえにいく時間《じかん》に、〝入《い》り待《ま》ち〟〝出待《でま》ち〟をするファンまであらわれるようになりました。

また、たばこ店《てん》には、宝《たから》くじの当選《とうせん》はもちろん、「志望校《しぼうこう》に合格《ごうかく》した」「希望《きぼう》の会社《かいしゃ》に就職《しゅうしょく》できた」「理想《りそう》の相手《あいて》とめぐり会《あ》って結婚《けっこん》することができた」「子宝《こだから》に恵《めぐ》まれた」「病気《びょうき》が治《なお》った」など、様々《さまざま》な幸運《こううん》の知《し》らせがもたらされるようになりました。

コラム⑦

ハチの背中《せなか》のハートマーク&《アンド》グッズ紹介《しょうかい》

こまり顔《がお》のハチの背中《せなか》に、ハートマークがうかびあがるのを知《し》っていますか?

前田《まえだ》さんの話《はなし》では、毛《け》が生《は》えかわらない時期《じき》に、香箱《こうばこ》ずわりをしていると、ハートマークがあらわれるとか♥

このハートマークがみたいと、香《かおり》さんはお客《きゃく》さんからお願《ねが》いされることもあるそうなのですが、ハチはたいてい高《たか》い棚《たな》のうえで寝《ね》ているので、店《みせ》ではほとんどみられません。しかし、ご安心《あんしん》を。

なかなかお目《め》にかかれないハートマーク、それをいつでもみられるのが、このハチの名刺《めいし》なのです。

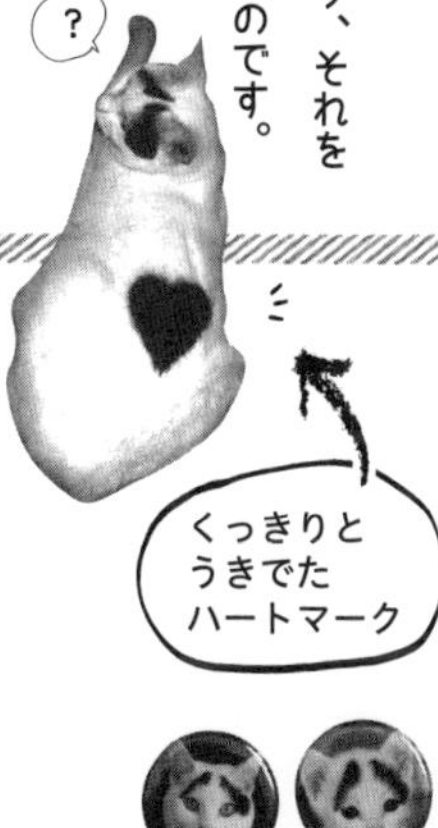

名刺《めいし》のほかにも、缶《かん》バッジ、ストラップ、はんこ、人形《にんぎょう》など、たばこ店《てん》にはさまざまな種類《しゅるい》の〝ハチグッズ〟が売《う》られています。

タイミング悪《わる》く、ハチに会《あ》えなかったという人《ひと》たちにもハチグッズは好評《こうひょう》で、「記念《きねん》に」「お土産《みやげ》に」と買《か》っていく人《ひと》が多《おお》いそうです。

一番人気《いちばんにんき》は、やっぱりハチの名刺《めいし》。「財布《さいふ》に入《い》れていたら金運《きんうん》がアップした」という人《ひと》がかなりいるとか。

「ハチグッズを身《み》につけていたらいいことがあったという人《ひと》はけっこういるんですよ(笑)」と香《かおり》さん。

ハチのパワー、おそるべし!

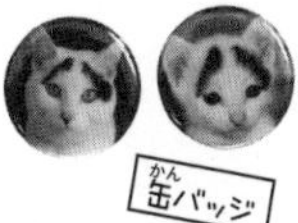

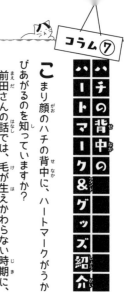

2015年《ねん》11月《がつ》――

年末《ねんまつ》ジャンボ宝《たから》くじの販売時期《はんばいじき》がやってきました。

たばこ店《てん》の前《まえ》には、この時期《じき》になると、宝《たから》くじを買《か》い求《もと》める人《ひと》たちの行列《ぎょうれつ》ができるようになります。

行列《ぎょうれつ》は年々《ねんねん》長《なが》くなり、このときはその長《なが》さ、約《やく》20メートル。

糸久《いときゅう》たばこ店《てん》は、美江《よしえ》さんがやっていたころのようなにぎわいをとりもどしました。

香《かおり》さんは、昼食《ちゅうしょく》を食《た》べるひまもないほどのいそがしさです。

行列《ぎょうれつ》というのは不思議《ふしぎ》なもので、並《なら》んでい

行列《ぎょうれつ》は2014年末《ねんまつ》からできるようになった

るのをみると並《なら》びたくなるもの。

最後尾《さいこうび》では、お客《きゃく》さん同士《どうし》がこんな会話《かいわ》をしています。

「なんで並《なら》んでるんですか？」

「宝《たから》くじだよ。ハチがいる店《みせ》で買《か》うとあたるかもしれないから」

「なるほど！　じゃあ、私《わたし》も並《なら》ぼうっと」

そうやって、人《ひと》が人《ひと》を呼《よ》んでいくのです。

「すごいよなあ。こんなに長《なが》い行列《ぎょうれつ》ができるなんて。これもハチのおかげだなあ」

イチョウの葉《は》が舞《ま》い、木枯《こが》らしがふく歩道《ほどう》で、前田《まえだ》さんは、たばこ店《てん》の前《まえ》に並《なら》ぶ人《ひと》たちを感慨深《かんがいぶか》げにながめ、そうつぶやきました。


店《みせ》の営業《えいぎょう》が終《お》わると、前田《まえだ》さんは、ほっとひと息《いき》ついていた香《かおり》さんに話《はな》しかけました。

ハチが前田《まえだ》さんのもとへやってきたころのことを思《おも》いだしながら——

「最初《さいしょ》は、ただ、ぼくの飼《か》いねこというだけだったのにね」

それが、このたばこ店《てん》で、香《かおり》さん親子《おやこ》にあずかってもらってからというもの、あれよあれよという間《ま》に、人気《にんき》スターへの階段《かいだん》をかけのぼっていったハチ。

「私《わたし》たちも、ハチをただあずかっただけだったのにね」

「最初《さいしょ》は、ひでくんがよろこんでくれれば、お客《きゃく》さんや街《まち》の人《ひと》が笑顔《えがお》になってくれれば、そう思《おも》って気軽《きがる》な気持《きも》ちであずけただけだったけど、まさかこんなに有名《ゆうめい》なねこになるなんて、思《おも》わなかった」

「ほんとよね。いろんな偶然《ぐうぜん》がかさなってこうなったのよね」

「もしぼくが、あの日馬場《ひばば》さんのところにランチを食《た》べにいかなかったら、ハチの写真《しゃしん》をみてなかっただろうし」

「私《わたし》も、もしうちの母《はは》が震災後《しんさいご》もこのお店《みせ》をつづけていたら、ハチをあずかるなんてこともなかったわ。母《はは》は動物好《どうぶつず》きだけど、『店《みせ》のなかにペットを入《い》れるなんて』ってきっと反《はん》対《たい》したはずだしね」

人気《にんき》がでればでるほど、ハチはたくさんの人《ひと》たちに様々《さまざま》なご利益《りやく》をもたらしてきました。

「『ハチのおかげで幸《しあわ》せになった』っていうお客《きゃく》さんからの報告《ほうこく》を聞《き》くたびに、私自身《わたしじしん》もハッピーな気分《きぶん》になれるのよ」

「そんなときのかおりんは、いつもよりイキイキしてるよ」

「あら、そう？」

「ハチがいろんな人《ひと》たちとの出会《であ》いを運《はこ》んできてくれたね」

「うん。そういう人《ひと》たちをみてると思《おも》うの。幸《しあわ》せだから笑顔《えがお》になるんじゃなくて、笑顔《えがお》だから幸《しあわ》せになるんだなって」

「ひでくん、かずくんもよろこんでくれたしね」

「じつはお店《みせ》を継《つ》いでから、あの子《こ》たちに『前《まえ》のお母《かあ》さんのほうがよかった。おやつも手《て》づくりしてくれたし、友《とも》だちも家《いえ》に呼《よ》べたから』っていわれたことがあったの。私《わたし》、そのときはショックで眠《ねむ》れなかった。でも、ハチがきてくれたことで、少《すこ》しはさびしい思《おも》いをさせずにすんだのかなぁって」

「そうだったらいいな」

「ひでなんか、ハチを妹《いもうと》のようにかわいがってたしね。おかげであの子《こ》、だいぶ成長《せいちょう》したわ」

「もう中学生《ちゅうがくせい》だもんなあ。体《からだ》も大《おお》きくなったね」

香《かおり》さんは満足《まんぞく》そうな笑《え》みをうかべ、こうつづけました。

「それとね、ハチのおかげで、うちの店《みせ》はいま売《う》りあげがのびていて、長年《ながねん》の赤字《あかじ》が減《へ》りつつあるの」

「そうなんだ！　よかったね。もうすぐクリスマスだし、最高《さいこう》のプレゼントだね」

「私《わたし》がハチからもらった贈《おく》りものはそんな感《かん》じかなあ。前田《まえだ》さんは？」

「えっ、ぼく？　そうだなあ……」

しばらく考《かんが》えたあと、前田《まえだ》さんは、ゆっくりとこたえました。

「ぼくにとって一番《いちばん》の幸《しあわ》せは、やっぱり、ハチと出会《であ》えたことだよ。ハチと出会《であ》えた幸《しあわ》せを、たくさんの人《ひと》たちにおすそわけして、わかちあうことができたなら、ぼくの幸《しあわ》せはもっとふくらんでいくんだ」

「ふーん、なるほどね。幸《しあわ》せって、そうやってひろがっていって大《おお》きな輪《わ》になるのかな」

「よく思《おも》うんだけど、あの〝八〟の字《じ》って、きっと神様《かみさま》がデザインしたんじゃないかな。会《あ》う人《ひと》みんなを笑顔《えがお》にしてしまう魔法《まほう》の模様《もよう》だもんね」

「ハチには、あの〝八〟の字模様《じもよう》があることで、ふつうのねことはちがう楽《たの》しい経験《けいけん》がいっぱいできる！　そう思《おも》って生《い》きていってほしいのよね」

「これからも、ハチに会《あ》いたいと思《おも》ってくれる人《ひと》たちの期待《きたい》に、できるだけこたえていきたいね」

「そうね、ずっとつづけていけたらいいわよね」

そんな話《はなし》をして、前田《まえだ》さんはたばこ店《てん》をあとにしました。

思《おも》えば、ハチをたばこ店《てん》にはじめてつれてきた4年半前《ねんはんまえ》、ハチはまだ生後《せいご》3か月《げつ》のこねこでした。

体重《たいじゅう》は1キロほど。

それが、もう5キロ近《ちか》くになっていました。

（むかしは片手《かたて》でひょいっと肩《かた》にのせられたのに、いまは両手《りょうて》でよっこらしょと、だきかかえないと肩《かた》にのらないんだよな。ほんと、おもたくなったよなあ）

ハチを肩《かた》にのせて事務所《じむしょ》へ帰《かえ》る途中《とちゅう》、前田《まえだ》さんはそのずっしりとしたおもみと、白毛《しろげ》のあたたかいぬくもりを、いつもよりもよけいに感《かん》じていました。

（ハチといつまでも、ずっとこうして一緒《いっしょ》にいたい）

ところが――前田《まえだ》さんは病《やまい》に倒《たお》れたのです。

前田《まえだ》さんとハチの仲《なか》よし親子《おやこ》の暮《く》らしは、年《とし》が明《あ》けても、ふだんと変《か》わらずにすぎていきました。

ハチとの暮《く》らしがおだやかに、これからもずっとつづいていくだろうと思《おも》われたのですが……。

「ううーっ、胃《い》がいたい！」

自宅《じたく》ではげしい痛《いた》みを感《かん》じたのは、2016年《ねん》3月《がつ》のある日《ひ》のことでした。

ふつうにたってはいられず、トイレも這《は》いつくばっていかなければならないほどの激痛《げきつう》に突然《とつぜん》おそわれたのです。

「だいじょうぶ？　明日《あした》の朝《あさ》、お医者《いしゃ》さんにいったほうがいいわ」

母親《ははおや》の和子《かずこ》さんは心配《しんぱい》そうにいいました。

翌朝《よくあさ》、前田《まえだ》さんは、おなかの痛《いた》みをこらえ、なんとか病院《びょういん》にたどりつきました。

診断《しんだん》の結果《けっか》は、胃《い》かいようでした。

医師《いし》からレントゲン写真《しゃしん》をみせられ、胃《い》に500円玉《えんだま》ほどの大《おお》きさの穴《あな》があき、そこから出血《しゅっけつ》していると告《つ》げられました。

(健康《けんこう》に気《き》づかってこなかったツケが、とうとうまわったか……)

執筆《しっぴつ》や編集《へんしゅう》の仕事《しごと》をしている前田《まえだ》さんは、仕事《しごと》がいそがしくなると、食《た》べたいものばかり食《た》べてしまったり、お酒《さけ》を飲《の》みすぎてしまったりすることがよくあったのです。

「しばらく安静《あんせい》にしていたほうがはやく治《なお》りますので、入院《にゅういん》をおすすめします」

医師《いし》はいいました。

もちろん、そうしたほうがいいのは十分《じゅうぶん》わかっているのですが、前田《まえだ》さんは、少《すこ》し考《かんが》えたあと、

「入院《にゅういん》ではなく通院《つういん》でお願《ねが》いします。家《いえ》で安静《あんせい》にして治《なお》すことにします」

とこたえました。

(もし、ぼくが入院《にゅういん》してしまったら、その間《あいだ》、ハチの面倒《めんどう》をみられなくなる)

そう思《おも》ったのです。

自宅《じたく》には、犬《いぬ》のモモ子《こ》がいるので、ハチをつれてかえるわけにはいきません。

もちろん、和子《かずこ》さん、香《かおり》さん、前田《まえだ》さんの友人《ゆうじん》など、たのめばハチの世話《せわ》をしてくれる人《ひと》はたくさんいます。

でも、前田《まえだ》さんはそのとき、誰《だれ》かにたよることをしませんでした。

（ぼくの体《からだ》がほんのちょっとでも動《うご》くなら、自分《じぶん》の手《て》でハチの面倒《めんどう》をみる）

そんな強《つよ》い気持《きも》ちが、前田《まえだ》さんに〝通院《つういん》〟という選択《せんたく》をさせたのです。

翌日《よくじつ》から、胃《い》の激痛《げきつう》にたえながら、病院《びょういん》、事務所《じむしょ》、家《いえ》の間《あいだ》をタクシーで移動《いどう》する毎日《まいにち》がはじまりました。

胃《い》のあたりをおさえつつ、事務所《じむしょ》へつづく階段《かいだん》を一段《だん》ずつ、ゆっくりとのぼっていくと、足音《あしおと》を聞《き》いたハチが玄関《げんかん》で出迎《でむか》えます。

午前中《ごぜんちゅう》は病院《びょういん》にいくので、事務所《じむしょ》に着《つ》くのはお昼《ひる》ごろ。

（あれれ？　なんでこんな時間《じかん》なんだろう？）

ハチは、ふだんとリズムがちがうなと思《おも》っているようでしたが、床《ゆか》にゴロンと寝《ね》ころび、甘《あま》えてきます。

「ハチ、ごめんな。ちょっと体《からだ》のぐあいが悪《わる》いんだ……」

おなかや背中《せなか》をなでまわすいつものあいさつもろくにしてやれないほど、前田《まえだ》さんは弱《よわ》っていました。

しかし、そんなことは知《し》るよしもなく、ハチは遊《あそ》んでほしそうに、無邪気《むじゃき》に甘《あま》えてきます。

ハチのエサや水《みず》、トイレの砂《すな》をかえるなどの世話《せわ》を30分《ぷん》くらいですますと、前田《まえだ》さんは、体《からだ》をひきずりながら、また玄関《げんかん》へ。

（えっ、どうして？　もう帰《かえ》っちゃうの？　たばこ屋《や》さんにはいかなくていいの？）

ハチは不思議《ふしぎ》そうな目《め》で、前田《まえだ》さんをみつめてきます。

「しばらく、かおりんのところにいくのはおやすみだよ」

そういうと、パタンとドアを閉《し》め、またタクシーにのって、家《いえ》へ帰《かえ》るのでした。

ハチの世話《せわ》をするためだけに事務所《じむしょ》に通《かよ》う生活《せいかつ》が、しばらくつづきました。

パパ、どうしたの？

ねえ、遊《あそ》んでよ。
どうして、帰《かえ》っちゃうの?

病気療養中《びょうきりょうようちゅう》は仕事《しごと》どころではなく、入《はい》っていた予定《よてい》はすべてキャンセルせざるをえませんでした。

事情《じじょう》を説明《せつめい》し、ハチのたばこ店《てん》への出勤《しゅっきん》もおやすみとなりました。

前田《まえだ》さんが仕事《しごと》をすることができなくなれば、収入《しゅうにゅう》が減《へ》り、ハチのエサを買《か》うことも、ハチが住《す》んでいる事務所《じむしょ》を借《か》りつづけることも、むずかしくなってしまいます。

何《なに》より、体《からだ》が健康《けんこう》でないと、ハチと一緒《いっしょ》にいても、楽《たの》しい時間《じかん》はすごせないのです。

(もしハチがいなかったら、いまごろ病院《びょういん》のベッドにひとり横《よこ》たわって、やる気《き》も起《お》きず、ただ寝《ね》ているだけだっただろう。ハチのためにも、一刻《いっこく》もはやく病気《びょうき》を治《なお》して元気《げんき》にならなくちゃ)

病気《びょうき》で折《お》れそうになった前田《まえだ》さんの心《こころ》を、しっかりとささえてくれたのはハチだったのです。

その後《ご》1か月《げつ》くらいで、前田《まえだ》さんの容態《ようだい》は快方《かいほう》にむかいました。

「ありがとう、ハチ。これからは健康《けんこう》に気《き》をつけて、仕事《しごと》、もっとがんばるよ」

そう話《はな》しかけ、のどをさすると、ハチは目《め》をつぶって、気持《きも》ちよさそうな表情《ひょうじょう》をうかべました。

前田《まえだ》さんが仕事《しごと》に復帰《ふっき》するのとときを同《おな》じくして、約《やく》1か月《げつ》ぶりにハチもたばこ店《てん》のアルバイトに復帰《ふっき》です。

あちこちで咲《さ》いた桜《さくら》の花《はな》の香《かお》りが風《かぜ》にのって、どこからともなくただよってきます。

ハチを肩《かた》にのせた前田《まえだ》さんが、たばこ店《てん》に着《つ》くと、待《ま》ちかまえていた女性《じょせい》ファンたちからは、

「うわー、かわいい」

「こっちむいて！」

と、いつもの声《こえ》。

「写真《しゃしん》、撮《と》らせてもらっていいですか？」

女性《じょせい》のひとりにお願《ねが》いされると、前田《まえだ》さんも、

「はい、どうぞ」

こころよく応《おう》じ、カメラのほうにハチの顔《かお》をむけます。

こういうとき、前田《まえだ》さんは断《ことわ》ることをほとんどしません。できるかぎりファンの要望《ようぼう》にこたえたいと常々《つねづね》思《おも》っているのです。

(いっつもハチの顔《かお》ばっかりで、ぼくは、後頭部《こうとうぶ》しか写《うつ》らないんだけどね……)

じつは、内心《ないしん》ちょっといじけているのですが……

写真撮影《しゃしんさつえい》がひとしきり終《お》わると、香《かおり》さんがいつもの笑顔《えがお》で出迎《でむか》えてくれました。

「いらっしゃーい、待《ま》ってたよ、ハチ」

「やっと体《からだ》、よくなったよ」

「大変《たいへん》だったわねえ」

「また今日《きょう》から、ハチをたのむね」

「はいはい。じゃあ夕方《ゆうがた》ね。いってらっしゃーい!」

店《みせ》のなかに入《はい》るやいなや、棚《たな》のうえに元気《げんき》よくピョンとジャンプするハチ。

そんないつもの光景《こうけい》が、病《や》みあがりの前田《まえだ》さんにとっては、なんだか、とてつもなくキラキラと輝《かがや》いてみえました。

病気《びょうき》をしたことで、わかったことがあります。

それは、健康《けんこう》な体《からだ》で、あたりまえのようにハチとすごせるこの生活《せいかつ》が、いかにかけがえのないものであるかということ。

（ハチとこうして一緒《いっしょ》にいられるって、なんて幸《しあわ》せなことなんだろう）

前田《まえだ》さんは、ゆっくりと、深《ふか》く息《いき》をすいこみながら、その幸福感《こうふくかん》をかみしめていました。

（香《かお》りさんをはじめハチの世話《せわ》をしてくれる人《ひと》や、わざわざ会《あ》いにきてくれるファンの人《ひと》たちもたくさんいる。なんてありがたいんだろう）

そんな感謝《かんしゃ》の思《おも》いも、同時《どうじ》にこみあげてくるのでした。

（ぼくが先《さき》か、ハチが先《さき》かはわからないけれど、いつかは死《し》ぬときがやってくる。だから、いまこの瞬間《しゅんかん》を大切《たいせつ》に生《い》きよう。そして、いつそんなときがやってきても悔《く》いのないように、これからもぼくは精一杯《せいいっぱい》、ハチを愛《あい》するんだ）

前田《まえだ》さんは、静《しず》かに、心《こころ》のなかでそう誓《ちか》いました。

（おわり）

ずっと一緒《いっしょ》に……

あとがき

これまでぼくは、取材《しゅざい》でたくさんのねこと出会《であ》ってきましたが、ハチをはじめてみたときのおどろきといったら！　そのときの気持《きも》ちをどう表現《ひょうげん》したらいいかむずかしいのですが、まずふきだしてしまい（ごめん、ハチ！）、それから、心《こころ》がほんわかとなごんで、幸《しあわ》せな気分《きぶん》になったのをおぼえています。

ハチは立派《りっぱ》なその〝まゆ毛《げ》〟ゆえに、接《せっ》する人《ひと》の、いまこの瞬間《しゅんかん》を幸《しあわ》せな気持《きも》ちにしてくれます。

それがこの本《ほん》の冒頭《ぼうとう》で書《か》いた〝笑顔《えがお》の魔法《まほう》〟です。そして、心《こころ》のなかに「幸《しあわ》せの種《たね》」をまいてくれるのです。

いまこの瞬間《しゅんかん》、みけんにしわを寄《よ》せて苦々《にがにが》しい顔《かお》をしているよりも、ほがらかな笑顔《えがお》でいるほうが、次《つぎ》の幸《しあわ》せがおとずれやすいのではないでしょうか。

ハチは〝こまり顔《がお》〟（本当《ほんとう》はこまってなんかいないのですが）でありながらも、「幸《しあわ》せってね、いま幸《しあわ》せな気分《きぶん》の人《ひと》におとずれるのよ」と教《おし》えてくれていると、ぼくは思《おも》います。

最初《さいしょ》は単《たん》なる前田《まえだ》さんの飼《か》いねこだったのに、香《かおり》さんのたばこ店《てん》であずかりねこ、看板《かんばん》ねことなり、あれよあれよという間《ま》に、幸運《こううん》のまねきねこになっていったハチ。

こんなにも幸《しあわ》せの輪《わ》がひろがっていったのは、ハチが前田《まえだ》さんや香《かおり》さん親子《おやこ》をはじめ、ハチのことを思《おも》いやる人《ひと》たちのあたたかい愛《あい》にいつもつつまれているから。

だからこそ、ハチはその魔法《まほう》をいかんなく発揮《はっき》できるのでしょう。

心《こころ》のなかの「幸《しあわ》せの種《たね》」は、ハチからのプレゼントです。大切《たいせつ》に育《はぐく》んでいきたいですね。

この本《ほん》を執筆《しっぴつ》するにあたって、ハチの飼《か》い主《ぬし》の前田陽一《まえだよういち》さん、糸久《いときゅう》たばこ店《てん》の長谷川香《はせがわかおり》さん、寿俊《かずとし》くんと薫春《ひではる》くん兄弟《きょうだい》には、しつこいほどいろいろとお話《はなし》を聞《き》かせていただき、本当《ほんとう》にありがとうございました。

また、ハチの幼少時代《ようしょうじだい》の貴重《きちょう》な写真《しゃしん》を提供《ていきょう》してくださった飯塚弘樹《いいつかひろき》さん、ハチと前田《まえだ》さんとの縁《えん》をつないだ馬場信也《ばばしんや》さん、ハチに影響《えいきょう》されてみずからも愛猫家《あいびょうか》になってしまった村上清司《むらかみせいじ》さん、いまもハチの写真《しゃしん》をお守《まも》りがわりに大切《たいせつ》にもちあるいている小貫光弘《おぬきみつひろ》さん、そして宮下銀座商店街《みやしたぎんざしょうてんがい》のみなさん、取材《しゅざい》へのご協力《きょうりょく》、誠《まこと》にありがとうございました。この場《ば》をおかりして御礼申《おれいもう》しあげます。

最後《さいご》に、ぼくがくじけそうになったときに叱咤激励《しったげきれい》し、いつも的確《てきかく》な指導《しどう》、アドバイスをしていただいた、集英社《しゅうえいしゃ》みらい文庫編集部《ぶんこへんしゅうぶ》の中里和代《なかざとかずよ》さんに心《こころ》より感謝《かんしゃ》いたします。

二〇一七年《ねん》三月吉日《がっきつじつ》

にしまつひろし

集英社みらい文庫

こまり顔《がお》の看板猫《かんばんねこ》！
ハチの物語《ものがたり》

にしまつひろし 写真・文

ファンレターのあて先
〒101-8050 東京都千代田区一ツ橋 2-5-10 集英社みらい文庫編集部
いただいたお便りは編集部から先生におわたしいたします。

2017年3月29日 第1刷発行

発 行 者 北畠輝幸
発 行 所 株式会社 集英社
〒101-8050 東京都千代田区一ツ橋 2-5-10
電話 編集部 03-3230-6246
読者係 03-3230-6080
販売部 03-3230-6393（書店専用）
http://miraibunko.jp
装　丁 大島亜夢 中島由佳理
写真提供 飯塚弘樹（P9、11、15、19、54）、田中哲也（P14）、
前田陽一（P31、34、51、53、56、104〈上〉、111〈下〉、138）、
長谷川香（P79、84）
協　力 前田陽一 長谷川香
印　刷 図書印刷株式会社 凸版印刷株式会社
製　本 図書印刷株式会社
ISBN978-4-08-321365-6 C8295 N.D.C.913 158P 18cm

「みらい文庫《ぶんこ》」読者《どくしゃ》のみなさんへ

言葉《ことば》を学《まな》ぶ、感性《かんせい》を磨《みが》く、創造力《そうぞうりょく》を育《はぐく》む……、読書《どくしょ》は「人間力《にんげんりょく》」を高《たか》めるために欠《か》かせません。
たった一枚《いちまい》のページをめくる向《む》こう側《がわ》に、未知《みち》の世界《せかい》、ドキドキのみらいが無限《むげん》に広《ひろ》がっている。
これこそが「本《ほん》」だけが持《も》っているパワーです。

学校《がっこう》の朝《あさ》の読書《どくしょ》に、休《やす》み時間《じかん》に、放課後《ほうかご》に……。いつでも、どこでも、すぐに続《つづ》きを読《よ》みたくなるような、魅力《みりょく》に溢《あふ》れる本《ほん》をたくさん揃《そろ》えていきたい。読書《どくしょ》がくれる、心《こころ》がきらきらしたり胸《むね》がきゅんとする瞬間《しゅんかん》を体験《たいけん》してほしい、楽《たの》しんでほしい。みらいの日本《にほん》、そして世界《せかい》を担《にな》うみなさんが、やがて大人《おとな》になった時《とき》、「読書《どくしょ》の魅力《みりょく》を初《はじ》めて知《し》った本《ほん》」「自分《じぶん》のおこづかいで初《はじ》めて買《か》った一冊《いっさつ》」と思《おも》い出《だ》してくれるような作品《さくひん》を一所懸命《いっしょけんめい》、大切《たいせつ》に創《つく》っていきたい。

そんないっぱいの想《おも》いを込《こ》めながら、作家《さっか》の先生方《せんせいがた》と一緒《いっしょ》に、私《わたし》たちは素敵《すてき》な本作《ほんづく》りを続《つづ》けていきます。「みらい文庫《ぶんこ》」は、無限《むげん》の宇宙《うちゅう》に浮《う》かぶ星《ほし》のように、夢《ゆめ》をたたえ輝《かがや》きながら、次々《つぎつぎ》と新《あたら》しく生《う》まれ続《つづ》けます。

本《ほん》を持《も》つ、その手《て》の中《なか》に、ドキドキするみらい――――。

本《ほん》の宇宙《うちゅう》から、自分《じぶん》だけの健《すこ》やかな空想力《くうそうりょく》を育《そだ》て、〝みらいの星《ほし》〟をたくさん見《み》つけてください。そして、大切《たいせつ》なこと、大切《たいせつ》な人《ひと》をきちんと守《まも》る、強《つよ》くて、やさしい大人《おとな》になってくれることを心《こころ》から願《ねが》っています。

2011年《ねん》　春《はる》

集英社《しゅうえいしゃ》みらい文庫編集部《ぶんこへんしゅうぶ》